거인의
노 트

거인의

| 인생에서 무엇을 보고 어떻게 기록할 것인가 |

노트

김익한 지음

다산
북스

기록하면
인생의 방향이 보인다

내가 '기록'에 매료된 이유는 여러 가지였다. 그중 하나를 꼽아 보자면 내가 마주한 학문의 벽을 넘어설 돌파구가 필요했기 때문이었다.

나는 고등학교 2학년 때 문예반 선배를 따라 역사학에 눈을 떴다. 그가 내게 했던 말들은 나를 뒤흔들어 놓기에 충분한 것들이었다. 그의 말을 복기해 보면 대충 이러했다.

"김동인의 소설 <감자>도, 김수영의 시 <풀>도 모두 역사 위에 존재하는 거야. 역사를 알면 해석도 진실도 명백해지지."

난 그 말과 며칠을 씨름했다. 역사를 알면 정말 뭐든 명징해질 것만 같았다. 문학 작품도, 자유를 옭아매는 12시 통금도,

또 시골에서 갓 올라온 구로공단 여공들의 삶까지도 역사 위에 올려 두고 살피면 이유를 알 수 없는 이 분노와 허탈감, 상실감의 실체를 알 수 있으리라 믿었다.

하여 고등학교 시절 내가 대학에 가야 하는 이유는 오로지 '역사를 제대로 공부하기 위해서'였다. 입시 공부에 그다지 열심이지 않았던 나는 역사를 배우고 싶다는 포부 하나만으로 고등학교 2학년 여름부터 미친 듯이 공부에 몰두했다. 학교 앞 독서실에서 먹고 자며 밀린 공부를 빈틈없이 채워 갔다. 당시 반에서 중간 정도의 등수였던 내가 서울대 인문대학에 들어갈 수 있었던 것은 모두 그 미친 공부 덕이었다.

대학은 그렇게 피땀 흘려 얻은 자유이자 꿈이었다. 입학 후 나는 순식간에 역사학에 매료되었다. 선배들이 좋다고 하는 책은 닥치는 대로 구해 읽었고, 그들의 말 한마디와 숨소리까지도 놓치지 않으려 집중했다. 하지만 하늘은 온전히 내 편이 아니었던 것 같다. 그해 가을, 당시 대통령이었던 박정희가 중앙정보부장 김재규의 권총에 피격당했다. 그의 죽음은 세상을 발칵 뒤집었다. 더불어 나의 세상도 송두리째 흔들렸다.

난 강의실보다는 주로 거리에 서 있었다. 강의실에 앉아 한가롭게 책을 들춰 볼 수 있는 세상이 아니었다. 나와 선배, 친구들 모두가 같은 생각이었다. 다 같이 격동의 거리에 서서 대학 시절의 절반을 보냈다.

그렇게 대학교 2학년이 되었고 부모님의 걱정과 만류에도 불구하고 한 치의 망설임도 없이 국사학과를 선택했다. 고등학교 때부터 내가 공부한 이유이자 나의 희망이었던 역사를 깊게 탐구하고 싶었다. 그런데 막상 학과를 선택하고 나니 마음이 전과 같지 않음을 느꼈다.

당황스러웠다. 그동안은 역사에 파고들며 무언가를 해석하고 또 올바른 방향성을 찾아내는 것만이 내가 할 수 있고, 죽을 때까지 해야 할 일이라고 생각했다. 그런데 거리에서 보낸 1년의 시간이 내 가치관을 뒤흔들었다.

학문을 통해 세상이 나아갈 방향을 찾는 것과 거리에서의 실천. 이 사이에서 방황하기 시작했다고 말하는 것이 더 정확하겠다. 역사를 공부하는 것만으로는 결코 깰 수 없는 벽이 있음을 온몸으로 마주한 것이다.

그렇게 혼란의 시간을 보내던 중 5·18민주화운동이 일어났고, 이듬달인 1980년 6월 계엄령하에서 학과 독서 모임을 했다는 이유로 난생처음 서울시경 대공분실에서 보름 정도의 시간을 보내게 되었다. 또 그해 말에는 이른바 '무림사건'이라는 서울대 운동권 조직 사건에 연루되어, 경찰청 대공분실인 남영동에서 한 달 이상을 보냈다. 결국 감옥을 가는 대신 강제징집의 희생자가 되어 강원도 인제군 원통이라는 곳에서 2년 넘게 군 생활을 했다. 낯선 곳에서 지내는 동안 내 머릿속은 점점 더 복잡해졌다.

매일 생각하고 또 생각했다. 아무리 공부해도 막상 손에 잡히는 것이 없으니 초조했다. 역사도 철학도 삶의 방향성을 제시해 줄 수는 있었지만 그것만으로는 부족했다. 나는 이전과 달라져 있었다. 좀 더 구체적이고 실천적인 수단이 손에 쥐어져야 이 갈증을 해소할 수 있을 것만 같았다.

그렇게 치열한 고민을 통해 찾은 답이 '기록'이다. 기록은 이론과 실천 사이에서 방황하는 나를 잡아 주었고 고민에 답을 내주었다. 더불어 '역사는 이론, 기록은 실천'이라는 이분법적 사고에 갇힌 내 생각의 틀도 깨 주었다. 이론(역사)을 추구해야 실천(기록)에 도달할 수 있고, 실천(기록)을 통해야 이론(역사)에 도달할 수 있다.

기록은 내가 고민해 왔던 한계를 뛰어넘을 수 있는 최고의 무기였다. 단순히 생각으로만 머물다가 흩어질 많은 정보를 기록으로 한데 모으면 그것은 수단이 되고 역사가 된다. 이를 깨닫자 모든 것이 명쾌해졌다.

그렇게 나는 국내 최초이자 제1호 기록학자가 되었다. 지난 25년간 기록학자로 살며 대학과 정부, 사회에 기록의 중요성을 알리는 데 힘썼다. 2000년도부터는 「공공기관의기록물관리에관한법률」을 만드는 데 매진했고, 참여정부 시절 청와대에서 기록 및 업무 혁신 TF의 자문위원장으로도 활동했다. 기록학회를 만들어 학술 활동도 쉬지 않았다. 기업, 문화예술, 마을 관련 아카이브를 만들기 위해 전국 방방곡곡을 뛰어다니며 기록연구사로 키워 낸 제자만 300명이 넘는다.

오랜 기간 기록하고 가르치고 퍼뜨리다 보니 예상보다 많은 사람이 기록을 제대로 이해하거나 활용하지 못해 여러 면에서 불편을 겪고 있음을 깨달았다. 기록만 잘할 수 있다면 생활과 학업, 일, 관계가 좀 더 분명해지고 해결책을 쉽게 찾을 수 있는데, 이를 모른 채 허덕이는 모습을 보니 안타까웠다.

그때부터 나는 기록'학'에서 학문의 난도를 낮추고 구체적인 방법과 기술부터 알려야겠다고 생각했다. 기록을 통한 실천의 대상이 국가, 기업, 마을에서 개인으로까지 나아간 것이다.

내가 유튜브 채널 <김교수의 세 가지>를 열게 된 계기도 여기에 있다. 영상을 통해 메모를 잘하는 방법부터 공부법, 독서법, 아침에 일찍 일어나는 법까지 다양하고 사소한 이야기들을 보따리 풀듯 하나씩 공개하고 있다. 놀라운 것은 예상보다 많은 사람이 내 이야기에 귀를 기울이고 반응한다는 것이었다. 어찌 보면 '기록'은 흔하고 쉬운 일인데도 대다수가 자신의 삶에 적용하지 못한다는 사실을 알게 되었다.

개개인의 사연을 가까이에서 듣다 보니 가벼이 시작했던 마음에 무게가 실렸다. 이들에게 좀 더 나은 삶을 선물하고 싶다는 마음이 샘솟았다. 내 기록 영상에 열광하는 이들은 성별과 연령에 제한이 없었다. 남녀노소를 불문하고 각자 자신이 처한 삶에 적용하고 효용을 느끼고 있었다.

기록은 단순하다. 매일의 나를 남기는 일이다. 내가 생각하고 겪고 느끼고 만나고 행하는 모든 것을 메모하면 그 메모에서 자신이 어떤 가치를 중요히 여기는지가 드러난다. 그것을 정리해 남기는 것이 바로 기록이다. 기록하면 인생이 심플해진다. 문제로 여겼던 것이 아무것도 아닌 일이 되고 고민은 쉽게 풀린다.

"난쟁이가 거인의 어깨에 올라타면 거인보다 더 멀리 볼 수 있다."

기록도 마찬가지다. 비록 지금의 내가 난쟁이일지라도 매일의 기록이 쌓이면 우리는 그 위에서 더 멀리 보고 더 깊이 생각할 수 있다. 내가 남긴 기록을 디딤돌 삼아 가장 높은 곳에 선, 거인巨人이 된 자신을 마주할 수 있을 것이다. 이 책의 제목이 『거인의 노트』인 이유다.

　나는 『거인의 노트』를 통해 여러분에게 인생을 좀 더 쉽게 살 수 있는 기록법을 전수하고자 한다. 성장의 발판으로 기록을 어떻게 활용해야 하는지부터 내면에 숨겨진 욕망과 진심을 꺼내 보기까지 그 여정을 도울 예정이다. 혹시 너무 어렵고 복잡할까 봐 읽기가 망설여진다면 걱정하지 마시라. 나의 기록법은 메모를 한 번도 안 해 본 사람도 밥 먹듯 숨 쉬듯 쉽게 실천할 수 있다.

　책은 총 3부로 구성되어 있다. 1부 <기록하는 인간>에서는 기록의 중요성과 가치를 일깨우고 성장을 가로막는 벽을 뛰어넘는 방법을 제시한다. 2부 <거인의 요약법과 분류법>에서는 머릿속을 한없이 맴도는 생각을 어떻게 요약하고 정리하는지 설명한다. 또 정리한 것을 언제든 쉽게 꺼내 볼 수 있으려면 어떻게 분류해야 하는지 알려 준다.

　마지막 3부가 제일 중요한데, 누구에게나 즉각 도움이 될 수 있는 <거인의 다섯 가지 기록법>을 담았다. 공부부터 대화, 생각, 일상, 일까지 삶을 구성하는 다섯 가지 주요 영역에서 능률을 높이기 위해 어떻게 기록해야 하는지 소개한다.

　아무리 공부해도 성적이 오르지 않는다면, 책을 읽어도 남는 것이 없다고 생각된다면, 이유 없이 가슴이 답답하다면, 회사에서 성과를 높이고 싶다면 답은 '기록'이다. 기록은 한계에 부딪힌 당신이 지금 당장 실천할 수 있는 가장 쉬운 방법이다.

내가 역사와 기록 사이, 추상과 구체 사이에서 고뇌했듯이 여러분도 인생 목표와 기록 사이에서 고뇌하기를 바란다. 그러면 기록이 무기가 되어 여러분이 진정 원하는 삶의 방향이 무엇인지 알려 주고 전략적으로 살아갈 수 있게 도와줄 것이다. 기록이 가치와 실천을 이어 주는 최고의 도구라는 사실은 내가 살아오며 깨달은 단 하나의 인생 법칙이다. 그렇기에 여러분 또한 기록하는 삶을 살길 진심으로 바란다.

2023년 3월

여주 삼여재三餘齋에서

김익한

차례

3부 · 거인의 다섯 가지 기록법

1부

기록하는
인간

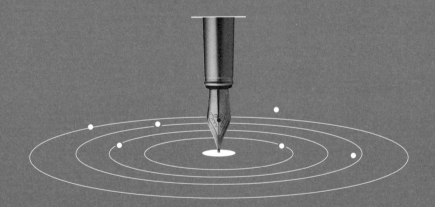

1장

성장

"성장을 지속하고 싶다면
삶을 기록하라."

01

기록형 인간으로
산다는 것

2000년대 초반만 하더라도 나는 내가 하는 일을 소개하기가 무척 어려웠다. 기록학과의 교수라고 소개하면 반드시 물음표가 붙어 내게 돌아왔기 때문이다.

"기록학과요? 거기서 뭘 배우는데요?"

'유용한 기록을 모으고 잘 관리해서 사람들에게 서비스하는 방법을 연구하는 과'라고 알려 주면 대부분 이해가 잘되지 않는 눈치였지만 그렇다고 해서 더 이상 크게 궁금해하지도 않았다.

내가 인생을 바쳐 연구한 학문이 대중에게 가닿지 않는다는 사실은 언제나 슬프다. 하지만 그럴수록 난 더 열정적으로 기록학을 알리기 위해 노력했다. 오늘 내 강의를 통해 한 사람이라도 기록의 중요성을 깨닫고 실행한다면 그뿐이라고 마음을 다잡으며 매일 조금씩 기록을 알렸다.

그 덕분일까? 최근에는 "대학에서 기록학을 가르치고 있어요"라고 말하면 정말 많은 사람들이 "와, 정말 멋진 분야에 몸담고 계시네요!" 하고 응수한다. 과거에는 기록을 작은 메모 수준으로 여겼던 것과 달리 이제는 기록 자체를 더 깊이 알고 싶어 하는 움직임도 심심찮게 보인다.

한 예로 주위를 조금만 둘러봐도 기록을 주제로 한 책과 메모 방법을 알려 주는 영상이 넘쳐 난다는 것을 알 수 있다. 25년 동안 기록학을 알리기 위해 노력해 온 나로서는 이 현상이 그저 감사할 따름이다.

다만 한 가지 아쉬운 점은 많은 사람이 기록을 메모와 동일 선상에 놓고 한 단계 더 높은 수준의 지식으로 요약, 정리하지 못한다는 것이다. 진짜 내 것이 되려면 메모를 기록으로 발전시켜야 한다.

책이나 영상에서 소개하는 기록법을 살펴보면 대부분 잘못된 접근이 많았다. 그중에서도 가장 중요한, 메모를 기록으로 발전시키는 키포인트가 빠져 있었다. 단순히 메모를 남기는 데서 그치지 않고 그것을 잘 정리하고 찾아서 기록으로 남겨야 비로소 인생을 풍요롭게 하는 도구가 되는데도 말이다.

이쯤에서 또 질문이 들어올 것이다.

"메모와 기록이 많이 다른가요?"

그렇다. 메모와 기록은 다르다. 쉽게 설명하자면 메모는 기록의 원천이다. 시간이 부족해서, 상대방의 말이 너무 빨라서 등의 이유로 너저분하게 적어 둔 것을 '메모'라 한다면 이렇게 조각난 글들을 모아 체계적으로 정리한 것을 '기록'이라 한다. 즉 기록은 우리가 일상적으로 적는 메모를 제대로 정리하는 행위라고 정의할 수 있다.

그리고 이를 조금 더 학문적으로 접근한 것이 '기록학'이다. 기록학은 기록을 생산·분류·기술하고, 그것을 효과적으로 활용하게 하는 학문이다. 기록학의 이론과 체계를 조금만 안다면 메모를 잘하는 방법뿐 아니라 메모를 기록으로 발전시켜 잘 활용하기까지의 메커니즘을 쉽게 이해할 수 있다.

아마 대다수 사람들에게 아카이브archive라는 단어가 낯설지 않을 것이다. 아카이브란 자료를 디지털화해 한데 모아 관리하고, 필요할 때마다 검색을 통해 원하는 정보를 쉽게 꺼내 볼 수 있게 하는 장소 혹은 그 기록물을 뜻한다. 그런 의미에서 아카이브는 기록물을 모아 둔 지식의 보고다.

왜 기록해야 하는가?

나는 기록형 인간이다. 기록은 내 생활의 일부이고 나는 나를 둘러싼 모든 것들을 밥 먹듯이 기록하고 있다. 기록형 인간은 산발적으로 흩어진 수많은 지식과 지혜를 자기 안에 깊게 새기는 사람이다.

쉽게 말해 기록형 인간이 되면 매우 똑똑해지는데, 그래서 난 주변 사람들에게도 기록형 인간이 되길 권한다. "기록하세요. 인생이 달라집니다"라고 기록의 이유와 필요를 전하는 기록전파자로 살고 있다.

대다수 사람들에게는 지혜로운 삶을 살아가고 싶다는 바람과 더 높은 수준의 지식을 갖추고 싶다는 욕구가 있다. 기록은 이 두 가지를 모두 이루기 위한 가장 쉬운 방법이자 수단이다. 기록을 하고 그것을 잘 활용하는 방법을 익혀야 원하는 이상에 가까워질 수 있다.

단순하게는 공부를 잘하는 것부터 시작해 미래를 계획하고 삶을 진취적으로 이끌어 가는 것까지 모든 성취에는 기록이 필요하다. 이밖에 기록의 장점은 무궁무진하지만 우선 가장 보편적인 관점에서 두 가지 이점을 설명할 수 있다.

1. 기록은 나를 지속 성장시킨다

인간은 태어나서 죽는 순간까지 성장한다. 여기에서 성장이란 계속해서 지식과 지혜를 축적해 나감과 동시에 이를 지속적으로 확장하는 것을 의미한다. 성장을 멈춘 인간에게 다음은 존재하지 않는다. 그렇기에 우리는 자신도 모르는 사이 계속 성장하기를 갈망한다.

인간이 성장하는 방법은 크게 두 가지로 나뉘는데, 하나는 외부로부터 받아들이는 것이고 다른 하나는 내 안에서 끄집어내는 것이다. 이 두 가지 방법을 병행하여 시너지를 이끌어 낼 때 진정으로 도약할 수 있다.

이는 기록의 형태와도 크게 다르지 않다. 기록 역시 두 가지 방식을 통해 진화한다고 보기 때문이다. 첫 번째 형태는 외부로부터 쏟아지는 수십, 수천 가지의 지식과 비지식을 체계화하여 요약하고 그중에서 중요한 정보를 기록으로 남기는 일이다. 두 번째 형태는 내면 깊숙이 존재하는 잠재력을 기록함으로써 외부로 끄집어내는 일이다. 다시 말해 책을 읽고 영상을 보고 대화를 하는 등의 과정을 통해 내 안에 쌓인 지식을 기록의 형태로 외부에 표출시키는 것을 뜻한다. 이 두 가지 기록의 형태가 톱니바퀴처럼 맞물리는 순간 기록의 효용이 높아지고 지적으로 풍요로운 삶을 누릴 수 있게 된다.

2. 기록은 내 삶의 주도권을 갖게 한다

삶의 주인이 된다는 것은 삶의 자유를 얻는다는 것과 같다. 언뜻 생각하면 잘 이해되지 않을 것이다. 앞서 말한 대로 기록은 정리해서 남기는 일인데, 자유분방하게 흩어진 것들에 일정한 질서를 부여하는 건 자유와 거리가 먼 행위가 아닌가. 결론부터 말하자면 전혀 그렇지 않다. 내가 제안하는 기록법은 삶의 자유를 지향한다. 나 또한 자유롭기 위해 기록을 시작했다.

이 물건 저 물건이 어지럽게 흩어져 있는 방 한가운데 서 있다고 생각해 보자. 지금 당장 봐야 하는 책이 있는데 도무지 어디 있는지 찾을 수 없다. 책상 위에는 온갖 책들이 놓여 있고, 침대 위에는 잡동사니가 산더미처럼 쌓여 있다. 그런 무질서 속에서 책을 찾기 시작한다. 잘 정리되어 있는 방이라면 바로 찾았을 책을 아까운 시간을 낭비하며 한참 찾아야 하는 것이다. 심지어는 결국 못 찾게 될 수도 있다.

이제 질문해 보겠다. 어떤 상황이 더 자유로운가? 질서 속에서 얻게 되는 진정한 자유란 바로 이런 것이다. 하지 않아도 될 불필요한 일은 덜어내고, 내가 원하는 것을 주체적으로 할 수 있도록 삶을 꾸려 나가는 것. 무질서에서 사람은 자유로울 수 없다.

기록한다는 것은 어지럽혀진 방을 멀끔히 정리해 언제고

자유롭게 활동할 수 있는 나만의 공간을 만드는 일이다. 당신의 머릿속 방을 깨끗이 정리해 언제든 적재적소에 맞게 꺼내 쓸 수 있는 생각을 차곡차곡 모아 둔다면 얼마나 자유로워질까. 그래서 나는 늘 "자유로워지고 싶다면 기록하라"라고 말한다.

오늘보다 내일 더 성장하기 위해, 자유로운 삶을 살기 위해 당신도 기록형 인간이 되기를 권한다. (앞으로 이 책을 통틀어 계속 권할 것이다.) 기록형 인간이 되는 것은 사실 쉬운 일이 아니다. 위에서 설명한 성장과 자유를 비롯해 다양한 기록의 효능을 반복적으로 경험해야 한다. 또 이것을 최소 반년 이상 지속해야 한다.

방법을 알아도 실천하지 않으면 아무것도 달라지지 않는다. 깨달음만으로 변화를 기대하는 것만큼 어리석은 일은 없다. 이제 당신은 겨우 출발선에 서게 되었다는 뜻이다. 성취는 몸의 기억과 용기 있는 실행의 산물이다. 반복에 의한 습관과 실천 그리고 그 과정에서 얻게 되는 작은 기쁨만이 우리를 성취의 길로 이끌 것이다. 우리에게 찾아온 성장과 자유의 기회를 더 이상 놓치지 말자.

당신은 여전히
성장할 수 있다

한 중년 남성이 이런 고민을 토로해 왔다.

"저는 자기계발을 위해 15년간 독서도 하고 강의도 많이 들었지만 별로 나아진 게 없습니다."

그동안 나는 강의를 하고 유튜브 채널을 운영하며 지적 성장을 향한 열망을 가진 사람이 생각보다 많다는 사실에 늘 놀라곤 했다. 꼭 시험을 앞둔 수험생이 아니어도, 공부를 해야 하는 학생이 아니어도, 승진을 앞둔 직장인이 아니어도 우리는 끊임없이 성장하고 싶어 한다. 누구나 지적인 사람이 되고 싶고 세상에 대한 통찰력도 지니길 원한다. 인간의 수명은 늘어나는데 세상은 너무나 빨리 변하니 적응하고 살아남으려면 끊임없이 새로운 것을 배우고 성장해야 한다. 뭐라도 해야겠다 싶어 책도 읽고 좋다는 강의도 기웃거리는 까닭이다.

그러나 이처럼 열심히 자신을 갈고닦아도 원하는 만큼의 성장을 느끼지 못하는 사람이 많다. 분명 책을 읽었는데 다음 날, 아니 몇 시간만 지나도 무슨 내용인지 기억이 안 나서 첫 페이지로 돌아가야 한다. 강의를 들을 때는 다 이해하고 기억했다고 생각했는데, 그 내용을 누군가에게 설명할라치면 아무것도 떠오르지 않는다. 성과가 느껴지지 않으니 스스로에게 실망하고 배움을 중단했다가 다시 시도하기를 반복한다.

이쯤 되면 '내가 머리가 나쁜 건가' 혹은 '나이 탓인가'라는 생각이 들지 않을 수 없다. 성장 욕구가 되레 자괴감을 불러일으키는 것이다. 그러나 성장 욕구는 우리 삶의 원동력이자 자기를 돌보려는 아름다운 태도다. 시도와 실패를 반복하더라도 이런 원동력을 포기할 이유는 없다. 당신은 그저 방법을 모를 뿐이다.

작은 변화가 인생을 바꾼다

사람은 변하지 않는다고 말한다. 하지만 나는 그 말에 동의

하지 않는다. 물론 성격이나 삶의 방향을 바꾸는 큰 변화는 결코 쉽게 일어나지 않는다. 하지만 작은 변화는 쉽게 이룰 수 있다. 작은 것들이 차곡차곡 쌓여서 자기 자신을 바꾸고 성장시키며, 더 나아가 삶 전체를 완전히 뒤바꿔 놓을 수도 있다. 그러니 변화를 긍정하자. '이제 와서 뭘. 그냥 살던 대로 살자'라는 생각을 버리자. 우리 모두는 변할 수 있고 언제든 성장할 수 있다.

변화를 부정적으로 생각하는 것은 너무 큰 변화만이 변화라고 생각하고, 또 그 결과만을 원하기 때문이다. 그러나 습관이나 루틴, 깨달음 같은 작은 노력이 선행되지 않으면 큰 변화는 결코 기대할 수 없다.

내 얘기를 하자면, 나는 본래 내향적인 사람인데 사회생활을 하며 외향적인 성격으로 바뀌기 위해 부단히 노력했다. 이 과정에서 종종 상대방을 과도하게 압박하거나 다소 거친 말투로 대했다. 내가 의식하지 못한 사이에 좋지 않은 습관이 붙은 것이다. 그러다 어떤 계기로 인해 내 말투가 사람들을 얼마나 불편하게 하고 때로는 상처를 주는지 알게 되었다.

그때부터 매일 조금씩 습관을 바꾸려고 노력했다. 우선 말을 신중하게 내뱉었고, 되도록 의문형을 많이 쓰려고 노력했다. 대화를 할 때는 상대를 존중하는 태도로 부드러운 표현을

썼으며, 강의나 발표를 할 때는 말할 내용을 미리 적어 놓고 계속 점검하기도 했다. 이렇게 지속적으로 애쓰며 지낸 6~7년 사이에 나는 완전히 다른 사람이 되었다. 지금도 완벽하다고 말할 수는 없지만 스스로 생각해도 큰 변화가 일어났고 사람들과의 관계도 긍정적으로 바뀌었다.

6~7년이 너무 길다고 생각하는가? 하지만 6~7년이 지난 후에도 전혀 발전하지 않은 것보다 낫지 않은가. 우리 인생 전체를 놓고 볼 때 6~7년은 그리 긴 시간이라고 말할 수 없다. 나는 이 노력을 지속하면서 매년 아주 조금씩이라도 더 나은 사람이 되어 왔다고 자부한다.

성장하기를 멈추지 말 것

오래전에 가깝게 지냈던 친구를 10년 만에 다시 만났다고 생각해 보자. 친구가 나를 보고 이렇게 말할 수 있다.

"넌 하나도 안 변했구나."

외모를 보고 '늙지 않았다'는 뜻으로 한 말이라면 기쁠 것이다. 또는 신뢰성이나 순수함 같은 좋은 가치를 여전히 가지고 있다는 의미일 수도 있다. 그러나 정반대인 경우도 있다.

20대에 만났던 친구를 30대에 다시 만났는데 여전히 20대에 가질 법한 치기 어린 고민을 하고 있거나 예전과 다름없는 불안정한 태도로 세상을 살아가고 있다면 안타까운 마음이 들기도 한다. 나이가 들면 성숙해지고 더 좋은 어른으로 성장하는 것이 우리 모두가 바라는 바가 아닐까. 올해보다 내년에, 내년보다 후년에 더 나은 사람이 되고 싶지 않은가.

나이가 들었다고 성장하기를 멈추지 마라. 나이 들어 공부하려니 눈이 나빠져서, 기억력이나 이해력이 떨어져서, 사는 게 너무 바빠서 새로운 것을 배우기가 힘들다고 말하는 것은 핑계에 가깝다.

공부에는 때가 없다. 오히려 살아온 지혜가 무르익었을 때 하는 공부는 성장의 폭을 획기적으로 넓혀 준다. 진짜 지식과 지혜로 꽉 찬 사람이 될 기회인 것이다. 여기에 앞으로 이 책에서 다룰 기록이라는 무기를 장착하면 기회는 곧 현실이 될 수 있다.

03

나만의 성장 메커니즘을
만들어라

"성공하고 싶은가?"라고 묻는다면 아마 대부분의 사람이 "예"라고 대답할 것이다. 그러나 나는 당신이 "아니요"라고 말하기를 원한다. 그게 무슨 말이냐고? 나는 당신이 이렇게 답하길 원한다.

"아니요. 나는 성공보다 '성장'을 원합니다."

성공한 삶을 살기 위해 목표를 향해 열심히 달려 나가는 건 분명 의미 있는 일이다. 그러나 성공이라는 단어만큼 추상적인 표현도 드물다. 당장 '어떤 사람이 성공한 사람인가?'라고 묻는다면 아주 다양한 대답이 나올 것이다.

예를 들어 '영어를 잘하는 사람이 될 거야'라는 목표도 사실

추상적이다. '잘한다'가 어느 정도 수준인지 불분명하기 때문이다. 그런데도 그저 막연히 성공하고 싶다는 생각을 하는 경우가 너무나 많다. 정작 성공을 위해 아무것도 하지 않으면서 말이다.

성공하겠다는 마음을 부정하는 게 아니다. 다만 성공하겠다는 마음은 무의식에 넣어 두고 우리의 생각과 의식을 매일의 성장에 더 집중하자. 성장을 쌓아 가다 보면 무의식이 반드시 당신을 성공으로 이끌 것이다.

성장을 계획하고 미친듯이 지속하라

성장하기 위해서는 크게 두 가지가 필요하다. 하나는 '계획'이고, 다른 하나는 '미친 지속성'이다. 뭔가를 계획하고 그 계획을 지속하는 능력이 둘 다 필요하다는 말이다. 계획만 있어서도 안 되고 지속성만 있어서도 안 된다.

우선 계획이라고 하면 흔히들 이제부터 무엇을 할 것인지 정하는 일이라고 생각한다. 그러나 내가 말하는 계획은 자기 자신을 되돌아보는 것에서 출발한다. '메타인지'라고 말할 수 있는데, 먼저 나 자신을 알아야 목표를 설정할 수 있고 계획을 시작할 수 있다. 나 자신에 대해 알아보기 위해서는 다음의 세 가지를 기록해 보라.

① 목표가 무엇인가?

거창한 인생 목표가 아니더라도 당신이 하고 싶은 일, 이루고 싶은 일, 갖고 싶은 것 등이 있을 것이다.

② 어떤 일상을 보내는가?

내가 현재 어떻게 살고 있는지를 알아야 앞으로 어떻게 살 것인지도 알 수 있다. 일상에는 일, 취미, 휴식 등 다양한 영역이 있다. 그 시간을 어떻게 채우고 있는가?

③ 어떤 습관을 가지고 있는가?

습관이 곧 그 사람이다. 목표와는 전혀 다르거나 오히려 목표를 해치는 습관을 가진 사람이 있다. 그러면서도 정작 자신의 습관을 잘 모르는 경우가 많다. 매일 반복적으로 하는 일이나 루틴이 무엇인지 떠올려 보라.

위의 세 가지 항목에 대한 답을 적었을 때 목표와 내 삶 사이에 괴리가 보이는가? 내 목표는 회사에서 인정받는 것인데 일에 관련된 노력을 안 하고 있다거나, 가족과의 시간을 늘리고 싶은데 취미 생활을 하며 혼자 보내는 시간이 많다거나 하는 등 어딘가 어긋나는 부분이 있을 것이다. 어긋난 부분이 무엇인지 알아야 그 이후를 생각하고 계획도 세울 수 있다. 그렇기 때문에 이처럼 조금 거리를 둔 상태에서 자기 자신을 살펴보는 것이 계획의 시작이다.

계획이란 시간표를 빈틈없이 채우는 일이 아니다. 자신이 진심으로 하고 싶은 것을 떠올려 메모하고 큰 틀에서 시간을 배분하는 것, 그것이 계획의 핵심이다. 여기에 더해 하루에 하나씩 좋은 습관을 실천해 나간다면 우리는 매일 성장하는 자신을 발견할 수 있다.

그렇다면 미친 지속성은 어떻게 만들어야 할까? 바로 어긋난 부분을 개선하면서 동시에 목표와 일상, 습관을 일치시키면 된다. 지속성은 일상과 습관을 바꾸는 순간 자연스럽게 따라온다. 나는 아침에 일어나자마자 일단 물 한 잔을 마시고 다이어리에 기상 시간을 적는 습관이 있는데, 이는 몇 달의 반복 끝에 몸에 새겨 넣은 나만의 루틴이다.

지속성은 환경과 루틴이 만들어져야만 가능하다. 내가 일부러 의식하지 않아도 몸이 스스로 움직일 때까지 반복해야만 하는 것이다.

의식적으로 연습하라

물론 무조건 지속한다고 해서 누구나 원하는 만큼 성장할 수 있는 건 아니다. 예를 들어 농구선수 두 사람이 슛 연습을 한다고 가정하자. 한 명은 그저 반복적으로 슛을 던진다. 무조건 많이 던지는 데 몰두한다. 다른 한 명은 슛을 쏠 때 팔을 당겼다 펼치며 공을 던지는 동작 하나하나에 집중해서 반복한다. 또한 옆에서 코치가 그의 슛이 길었는지, 짧았는지 혹은 어느 방향으로 갔는지 등을 피드백해 준다. 두 사람의 실력이 같다는 전제하에 같은 시간을 연습한다면 누구의 실력이 더 빨리 향상될까? 당연히 두 번째 선수다.

이것을 의식적 연습deliberate practice이라고 한다. 의미 없이 반복하는 것이 아니라 동작 하나하나를 의식하고 피드백을 받으며 개선해 가는 것이다. 전체 과정을 부분으로 나누고, 그중에서 자신의 약점을 찾아 보완해 나간다.

마찬가지로 무조건 책상 앞에 오래 앉아 있으면 성적이 오를까? 그저 계속한다고 해서 나아지리라는 보장은 없다. 오히려 잘못된 습관을 굳히는 결과가 될 수도 있다.

자신이 어떻게 행동하고 있는지 인식하는 것에서 변화가 시작된다. 이것이 많은 운동선수가 연습일지를 쓰는 이유다. 오늘 연습한 것을 기록해서 현재의 자신을 돌아보고, 난관이 있을 때는 내면을 기록하며 극복한다. 운동선수가 아닐지라도 우리의 일이나 일상에 충분히 적용 가능하다. 내 삶을 기록함으로써 타성에 젖어 일하거나 흘러가는 대로 사는 게 아니라 자신을 돌아보고 발전시킬 새로운 전략을 시도할 수 있다.

성장 메커니즘을 만들고 실천하기

성장은 하루 이틀, 일주일, 일 년만 지속하고 멈추는 일이 아니다. 사는 내내 성장해야 하는데 그때마다 온 힘을 쏟으면 쉬이 지칠 것이다. 그래서 나는 나만의 '성장 메커니즘 3단계'를 만들어 선순환이 자연스럽게 일어나는 삶을 살고 있다.

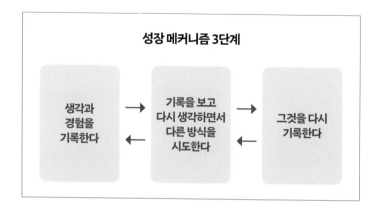

메커니즘에 올라타면 성장의 선순환 속에서 성취감과 기쁨을 얻을 수 있다. 이쯤에서 당신에게 질문하고 싶다. 당신은 얼마나 끈기 있게 성장을 향해 나아가고 있는가? 아직 성장을 경험해 보지 못해 시작하기조차 두렵고 막막하다면 다음의 3단계 기록법을 실천해 보라.

① 기록하고, ② 기록을 반복하고, ③ 기록의 반복을 지속하는 것이다. 기록하면서 자신을 인식하는 게 첫 번째 단계다. 두 번째는 기록을 반복하는 것인데 단순히 되풀이해서 쓰라는 의미가 아니라 나만의 방식으로 기록을 정제하고 업그레이드하라는 뜻이다. 오늘은 업무 내용에 대해 기록했다면 내일은 업무에서 어떤 점을 느꼈는지 기록하자. 그다음 날은 업무에서 느낀 점에 대해 고민한 내용을 추가해서 쓰는 것이다.

마지막으로 기록의 반복을 지속하면 이 모든 일련의 과정이 하나의 습관으로 자리 잡는다. 앞서 말했지만 습관은 인생의 시스템을 만드는 일이다. 어제보다 더 나은 삶을 살기 위해서는 나만의 시스템을 만들어야 함을 명심하라.

모든 걸 다 하려고 하기보다 당장 할 수 있는 작은 일부터 시작하자. 작은 습관을 반복하면 인생에 걸친 큰 실행으로 이어질 수 있다. 이 과정들이 모여 당신만의 성장 메커니즘과 시스템이 완성된다.

04

휘발되는
지식을 잡아라

벌써 40년 전의 일이다. 제대 후 복학하기 전까지 3개월 정도의 시간이 있었다. 밀린 공부를 따라잡아야겠다는 생각이 들어 하루에 18시간씩 공부를 했다. 생각해 보라. 하루 18시간을 공부하면 성과가 안 나려야 안 날 수가 없다. 적어도 첫 주에는 그랬다. 일주일 만에 논문을 열댓 편 읽었고 책도 두 권을 번갈아 가며 읽었다.

그런데 문제는 그렇게 공부한 것이 오래가지 않았다는 점이었다. 며칠이 지나자 기억이 점점 희미해지더니 끝내 휘발되고 말았다. 지식을 끊임없이 채워 넣는데도 내 뇌가 마치 밑빠진 독이라도 되는 것처럼 줄줄 새어 버렸다.

목표한 것을 조금 천천히 실행하더라도 기억에 온전히 남도록 시간을 좀 더 밀도 있게 쓰는 게 낫다는 사실을 그때 깨달았다. 그래서 시작한 게 기록이다. 논문이나 책을 읽으면서 펜으로 표시하고, 공백에 키워드를 메모했다. 그리고 한 챕터가 끝나면 기억에 남는 내용을 중심으로 메모장에 정리했다. 한 권을 다 읽고 난 후에는 그것을 다시 독서 노트에 기록했다. 여기에 내 생각도 적었고, 필요하면 키워드의 순서를 바꾸기도 했다.

사실 기록을 처음 시작했을 때는 공부 효율까지 염두에 둔 건 아니었다. 그저 열심히 공부했는데 잊어버리는 것이 아까워 어떻게든 머릿속에 붙잡아 두고 싶다는 생각에 본능적으로 기록을 이용한 것이었다. 시간은 전보다 더 걸렸지만 확실하게 '공부'가 쌓이는 것이 느껴졌다.

그런데 놀라운 점은 따로 있었다. 바로 기록에 드는 시간이 점점 줄어들어 3~4일이 지나면서부터는 눈에 띄게 짧아졌다는 것이다. 나중에는 이전에 공부하던 방식과 별 차이가 없을 정도로 시간이 적게 걸렸다. 게다가 기록을 하면 맥락이 머릿속에 정리되기 때문에 책도 훨씬 빨리 읽을 수 있었다.

꼭 책을 읽거나 강의를 듣지 않아도 우리가 살면서 경험하고 얻는 것은 생각보다 훨씬 많다. 세상에 널린 게 지식이고 정보고 영감이다. 그것들 중 많은 부분은 인식되지 못한 채 우리 주변을 스쳐 지나간다. 혹은 붙잡으려고 해도 금방 날아가 버린다.

이건 당신의 머리가 나빠서가 아니라 우리 뇌의 용량에 한계가 있기 때문이다. 뇌는 들어오는 정보를 모두 기억하지 못하므로 금방 휘발해 버릴 단기 기억과 오래 보관할 장기 기억으로 구분한다.

핵심은 우리가 흡수한 지식을 뇌에서 장기 기억으로 분류하게끔 만드는 것인데, 스쳐 지나가는 것을 낚아채고 휘발되는 것을 꽉 붙잡는 수단이 바로 기록이다. 공부하거나 읽은 내용을 기록하기 위해선 고도의 집중력이 필요하다. ① 집중해서 보고, ② 그것을 생각해서 기록하고, ③ 그 후에 기록한 것을 되돌아보는 일련의 과정을 거치며 우리 뇌는 '이 정보는 장기 기억이다!'라고 판단한다.

우리가 매일 접하는 엄청나게 많은 지식이 거의 다 날아가고 있는데 그게 아깝지 않은가? 아까운 정도가 아니라 위기를 느껴야 한다. 우리는 이렇게 하루하루 성장할 기회를 놓치고 있다. 풍부한 지식을 섭취하고 싶다면 무작정 먹기만 해서는 안 된다. 그것을 잘 소화해야만 피가 되고 살이 된다.

기록형 인간의 기억법
"기록하고 되뇌고 말하라"

"저는 메모를 열심히 하는데 기억에 남지 않아요"라고 말하는 사람도 있을 것이다. 공부할 때 열심히 필기하고 책을 읽을 때 꼼꼼히 메모해도 기억에 남지 않는 건 잘못된 메모 습관 때문이다.

먼저 이렇게 질문해 보고 싶다. 당신은 왜 메모하는가? 대부분 무엇인가를 잘 기억하기 위해 메모할 것이다. 여기에서 주의해야 할 점은 '메모해 두고 나중에 봐야지'라고 생각한 순간 우리의 무의식은 그 메모를 기억 한편에 밀어 둔다는 것이다.

잘 이해가 되지 않는다면 다시 질문하겠다. 당신은 전화번호를 몇 개나 외우고 있는가? 자신의 전화번호만 떠오르지 않는가? 전화번호를 외운다는 행위 자체를 생각해 보지 않은 사람도 많을 것이다. 스마트폰이 보편화되지 않은 시절에 우리는 꽤 많은 전화번호를 외우고 다녔다. 하지만 이제는 스마트폰에 저장해 두면 되니 굳이 번호를 외울 필요가 없어졌다. 메모에 기억을 일임하는 것도 이와 마찬가지다.

기억이 나지 않을 때 다시 꺼내 보기 위해 메모하는 건 기록의 아주 부차적인 기능 중 하나일 뿐이다. 이 기능에만 의

존한다면 기억하지 않으려는 당신의 무의식 때문에 무언가를 기억해 내기가 더더욱 어려워질 것이다. 이와 더불어 기억에 악영향을 미치는 잘못된 메모 습관은 다음과 같다.

첫째, 기억하지 않기 위해 하는 메모
둘째, 생각하지 않는 메모
셋째, 재활용하지 않는 메모

앞서 말했듯이 당장 기억하지 않기 위해 하는 메모는 당신의 머릿속에서 기억의 자리를 남겨 두지 않는다. 둘째, 생각하지 않는 메모는 내 안에서 소화되지 않은 메모, 즉 베껴 쓴 메모를 말한다. 내 것이 아닌 것은 결코 기억에 남을 수 없다. (나만의 방식으로 소화하는 방법은 추후에 소개하겠다.) 마지막으로 셋째는 다시 보지 않는 메모다. 기록은 한번 쓰고 버리는 것이 아니다. 정보를 정리해 자기화하는 것이 기록의 시작이라면 기록의 완성은 언제고 다시 보며 되새기는 것이다. 즉, 늘 다시 꺼내고 살펴야 한다.

그렇다면 이와 반대로 잘 기억하기 위해서는 어떻게 메모해야 할까? 내가 제안하는 방법은 '기록하고, 되뇌고, 말하는' 것이다. 기록형 인간의 기억법이라고 불러도 좋겠다.

기억은 담금질할수록 오래 남는다. 자기식으로 해석하는 것이 기억의 출발이라면, 그것을 메모하는 것은 기억의 첫 번째 담금질이다. 그리고 메모한 것을 다시 꺼내 되뇌어 보는 것은 기억의 두 번째 담금질이다. 마지막 세 번째 담금질은 다시 말과 글로 내뱉어 보는 것이다. 이렇게 세 번째 담금질까지 마치면 이 기억은 우리 머릿속에 아주 공고히 자리 잡게 된다.

　　'기록하고 되뇌고 말하라.' 이것이야말로 기억을 잘할 수 있는 가장 좋은 방법이다. 공부든 일이든 일상이든 기록을 통해 기억을 많이 남기면 앞으로 무슨 일을 하든 언제고 반드시 당신의 능력이 폭발적으로 발휘되는 경험을 하게 될 것이다.

생각은 나선형으로
성장한다

책 읽기는 성장을 위한 더할 나위 없이 좋은 방법이다. 책을 자기 것으로 흡수하는 것만큼 성장에 효율적인 방법이 없다. 그런데 아무리 읽어도 며칠만 지나면 기억이 나지 않는다고 말하는 사람이 많다. 그런 사람들에게 나는 이렇게 묻는다.

"책을 읽으면서 '생각'하십니까?"

공부를 하거나 책을 읽거나 강의를 듣는 것이 단순히 수동적인 행위에 그친다면 사실은 제대로 배우거나 읽은 게 아니다. 성장으로 연결되려면 반드시 '생각'이라는 과정을 거쳐야 한다. 당신은 책을 읽다가 '지금까지 읽었던 내용이 뭐였지?' 라거나 강의를 듣다가 '이 사람의 얘기에는 어떤 의미가 있지?'라고 생각하는가? 만약 그러지 않는다면 매우 비효율적인 공부를 하는 셈이다.

나는 이런 생각을 '순간의 생각'이라고 부른다. 삶은 배움의 연속이다. 일상을 살아가면서 누구나 무엇인가를 보고 듣고 읽게 된다. 문제는 우리가 그것을 모두 온전히 흡수할 수 없다는 것인데, 내가 경험한 것을 피가 되고 살이 되도록 만드는 출발점이 순간의 생각이다. 예를 들어 책을 읽다가 어떤 생각이 떠오르면 그 순간에 그것을 메모해 둬야 한다.

이 책을 읽을 때 다음 세 가지를 꼭 해 보기 바란다. 첫째, 한두 쪽을 읽다가 고개를 들고 '무슨 이야기였지?' 하고 생각하는 것이다. 둘째, 한 챕터를 읽고 나서 키워드로 요약하는 것이다. 셋째, 다 읽고 나서 A4 두세 장 분량으로 요약을 재정리하는 것이다.

최종 정리한 내용을 입 밖으로 소리 내어 발표하고 나면 이 책은 온전히 당신 것이 된다. 요약문을 보지 않은 상태에서 이 책의 전체 내용을 말로 설명할 수 있다면 스스로 기록법을 터득한 사람이라고 여겨도 좋다.

사실 여기에는 기록의 기본 원리가 숨어 있다. 기록학에서는 출처주의 원칙, 원질서 존중의 원칙, 활용 목적성의 원칙을 무엇보다도 중시한다. 출처주의의 원칙은, 출처가 서로 다른 기록을 혼합해 관리하지 않는 것을 말한다. 원질서 존중의 원칙은, 기록을 정리할 때 생산된 기록의 본래 구조 등을 유지해야 한다는 원칙이다. 마지막으로 활용 목적성의 원칙은 기록은 목적이 있어야 한다는 것이다.

경험했거나 새로 이해한 지식은 결국 우리 머릿속의 '생각'으로 집결된다. 그러니 기록의 출처는 생각이다. 잠시 고개를 들어 생각을 정리하지 않은 사람은 좋은 기록을 남길 수 없다. 챕터를 읽고 키워드 위주의 요약을 남기는 것은 습득한 지식에 자기만의 질서를 부여하는 행위다. 이 자기식 질서가 내 머릿속에 있는 지식의 원질서다. 마지막으로 책을 다 읽고 재차 정리해서 말로 내뱉어 보는 것은 책을 읽고 기록을 남기는 목적, 즉 활용 목적성을 실현하는 것이다.

자기화한 것만이 남는다

자기화의 사전적 의미를 살펴보면 '어떤 지식이나 의견 따위를 받아들여 자신의 것으로 만드는 것'이다. 유튜브에서 재미있는 영상을 보고 깔깔대며 웃었다고 해 보자. 이때 '어떤 상황에서 이런 표정으로 특정 단어를 사용하니까 엄청 웃기

네?'라고 순간의 생각을 했다면, 이것은 유튜브 영상을 자기화한 것이다. 그 영상을 받아들여 나만의 방식으로 해석했기 때문이다.

이처럼 자기화는 순간의 생각이라는 회로를 타면서 작동한다. 이때 우리가 본 것, 들은 것, 읽은 것이 선명한 이미지로 저장된다. 뭔가를 보다가 '아, 그런 거구나!' 하고 깨달은 적이 있는가? 자기식으로 깨달았을 때 그것은 아주 강력하게 뇌리에 남게 된다.

또한 자기화는 선별의 기능을 한다. 나한테 중요한 것을 골라낸다는 말이다. 우리가 뭔가를 경험한다는 것은 연속된 장면scene을 마주하는 것이다. 모든 장면이 중요할 리도 없고 전부 다 기억할 수도 없다. 그런데 자기화하면 나한테 중요한 장면만 선별, 축약해서 정리할 수 있다.

자기화의 과정은 낯섦을 익숙하게 만들기도 한다. 예를 들어 책을 읽는다는 건 우리 감각을 자극하는 행위다. 낯선 단어나 스토리, 장면 등이 등장하기 때문이다. 낯선 단어와 문장을 토씨 하나 안 틀리고 기억하려면 얼마나 힘든가. 그런데 자기화를 거치면 이런 낯선 감각을 익숙한 감각으로 변환해서 기억하게 된다. 나에게 익숙한 단어와 논리를 이용해 그것을 받아들이면 더 효과적으로 기억에 남길 수 있다.

순간의 생각을 누적하라

나는 사실 공부를 좋아하거나 엄청 열심히 하는 사람은 아니었다. 내가 공부를 해서 교수가 될 수 있었던 것은 전적으로 순간의 생각과 자기화 덕분이다. 순간의 생각을 습관화해서 기록으로 남겨 놓으면 필요할 때마다 꺼내 쓰는 것이 가능해진다. 그래서 효율적이고 유용하게 공부를 이어갈 수 있게 된다.

예를 들어 나는 어떤 질문을 받더라도 바로 대답할 수 있는데, 그동안 기록해 놓은 것들을 머릿속에서 바로 꺼내어 답할 수 있기 때문이다. 내가 만물박사이거나 천재여서가 아니라 순간의 생각을 누적해 놓은 덕분이다.

생각이 몸에 많이 남아 있으면 '양질전화量質轉化'가 일어난다. 양이 많아지면 질적인 전화, 즉 변화가 온다는 뜻이다. 다시 말해 새로운 아이디어와 영감도 자주 떠오르게 된다. 이런 능력은 타고나는 것이 아니라 반복적인 연습과 습관으로 체득하는 것이다.

하루 동안 열심히 순간의 생각을 했다고 가정해 보자. 그리고 밤이 되었다면 책상 앞에 앉아, 혹은 침대에 걸터앉아 다시 한번 떠올려 보아야 한다. 오늘 순간의 생각을 실행한 것이 내 머릿속에 어느 정도 집적되어 있는가? 매일 실행해 보면 놀랄 것이다. 첫날에 10퍼센트만 머릿속에 남았다면, 이튿날은 20퍼센트, 그다음 날은 30퍼센트가 머릿속에 남게 된다. 집적된 순간의 생각을 다시 끄집어내는 힘도 점점 성장하는 것이다.

사실 지금 내가 설명한 순간의 생각과 자기화가 새롭거나 대단한 기술은 아니다. 인식하지 못할지라도 우리는 이미 이런 것들을 하면서 살고 있다. 무엇을 보고 무엇을 듣건 그 순간 바로 생각을 하게 되고 자기식으로 해석하기도 한다. 내가 굳이 이 두 가지를 강조하는 이유는 그것을 놓치지 말라는 뜻에서다.

순간의 생각과 자기화를 의식적으로 하기 위해 기록을 활용하라. 아무것도 아닌 것처럼 보였던 순간의 생각들이 기록으로 쌓이고 쌓이면 당신도 예측 못한 변화와 성장을 가져올 수 있다.

어떤 순간에도 반드시 생각하는 습관을 들여야 한다. 자기식으로 받아들이고 기록한 다음, 필요할 때 다시 끄집어내는 반복 과정이 필요하다. 생각과 자기화 그리고 기록, 이 세 가지가 서로 긍정적인 영향을 주면서 나선형 성장을 이루게 해줄 것이다.

06

내적 자산을
활용하라

앞서 기록에는 두 가지 효능이 있다고 말했다. 첫째, 외부에서 들어오는 것을 효과적으로 흡수할 수 있고, 둘째, 내 안에 있는 것을 끄집어낼 수 있다. 기록하고 기억하는 행위를 생각해 보면 기본적으로 외부의 것을 내 안에 집어넣고 내 안에서 다시 꺼내는 원리가 계속 작용한다. 흔히 밖에서 들어오는 것을 소화하기 위한 기록만을 중요하게 생각하고 그것만이 기록이라고 착각하지만 내 안에서 끄집어내는 기록도 반드시 필요하다. 책을 읽거나 강의를 듣고 그 지식을 열심히 흡수하는 것도 물론 중요하지만, 우리 안에도 '내적 자산'이 있다는 점을 간과한다면 이것은 반쪽짜리 성장일 뿐이다.

여기서 말하는 내적 자산이란 뭘까? 내적 자산은 다음의 다섯 가지로 나눌 수 있다.

① 이해력: 지식이나 경험을 받아들여 해석하고 내 안에서 체계화시키는 능력이다.

② 사고력: 생각을 다양한 방향으로 깊고 넓게 발전시켜 나가는 능력이다.

③ 문제해결력: 나에게 닥친 어떤 문제의 원인을 파악하고 해결해 나가는 능력이다.

④ 추진력: 자신이 하고자 하는 일을 적극적으로 실행에 옮기는 능력이다.

⑤ 대인력: 타인과 원만한 관계를 맺고 유지하는 능력이다.

우리가 성장한다고 말할 때 이것은 지적 자산을 쌓는 것만을 의미하지 않는다. 지적인 사람 혹은 지성을 갖춘 사람은 지식만 많은 사람이 아니라 지식을 잘 정리하고 이를 바탕으로 새로운 인식을 낳거나 통찰력을 발휘하는 등의 더 큰 능력을 가진 사람이기 때문이다. 따라서 내적 자산의 다양한 능력을 함께 키워 나가야 한다.

다양한 내적 자산 중에서 사람에 따라 더 많이 가진 능력도 있고, 좀 부족하거나 결핍된 능력도 있다. 그러나 부족하다는 사실을 알면, 그것을 채워 나가는 건 얼마든지 가능하다. 현대 철학자들이 가장 강조하는 지점이 바로 '가능성'이다. 내게 부족하다고 해서 포기하지 말고 결핍된 부분을 채우려고 노력하면 그 자체로 새로운 성장 가능성이 열린다. 현재가 어떻든 간에, 과거에 내가 해 왔던 것으로 인해 우리는 이미 새로운 뭔가를 시도해 볼 수 있는 내적 자산을 충분히 갖추고 있다. 이때 우리의 부족함은 새로운 가능성으로 존재한다.

"저는 고등학교 때부터 공부와는 완전히 담을 쌓고 아르바이트만 했어요."

이렇게 말하는 사람도 있다. 학교에서 공부하지 않았으면 내적 자산이 없다고 단정해 버린다. 그리고 뒤늦게 성장하고 싶지만 열심히 공부해 본 경험이 없으니 앞으로도 할 수 없으리라고 미리 포기한다. 그러나 학교를 다니면서 그리 열심히 공부하지 않았다고 하더라도 책을 읽거나 다른 사람의 말을 이해할 수는 있지 않은가. 요컨대 높은 수준의 지적 성장을 할 수 있는 기반을 이미 가지고 있다는 의미다.

공부하지 않는 동안에는 무엇을 했는가? 아르바이트를 했다면 아르바이트라는 경험을 통해 익힌 여러 능력, 이를테면 사람을 대하는 능력이나 뭔가를 만들고 전달하는 기술 등도 내적 자산이다. 취업 준비를 했지만 실패했다? 그래도 그 준비 과정에서 익힌 지식이나 경험이 몸에 남아 있지 않은가. 이 모든 것이 당신의 내적 자산이다.

내 안의 잠재성을 끄집어내라

여러분 내면에는 무엇이 있는가? 물론 아무것도 없다고 말하는 사람도 있다. 그것은 착각일 뿐 내면이 텅 빈 사람은 없다. 대다수는 시간이 지나면 뭔가를 읽고 보고 듣고 접했던 경험이 사라진다고 생각한다. 하지만 그렇지 않다. 우리 몸속 세포 하나하나에 그와 관련된 기억이 남아 있기 때문이다. 음성이나 장면, 문자 같은 단편적인 기억이 아니라 종합적인 경험 기억이라는 형태로 말이다.

책을 읽어도 문자만 기억에 남는 게 아니라 책장을 넘기는 소리, 책 냄새, 그때의 분위기 등이 총체적인 기억으로 남지 않는가. 당신이 경험해 온 것이 당신의 머릿속과 몸속에 내적 자산으로 남아 있다. 이것을 우리는 '잠재성'이라고 부른다.

잠재성을 포함해 현재 내가 가진 자산을 100이라 한다면, 그중에서 실제로 인지하는 것은 20이 채 되지 않는다. 잠재성은 지식의 원천이 될 수 있다. 잠재성을 꺼내 정리하고 활용해 우리가 가진 100을 지식으로 만들 수 있다면 얼마나 지적으로 풍요로운 삶을 살 수 있겠는가.

그렇다면 잠재성은 어떻게 꺼낼 수 있을까? 많은 사람이 외부에서 들어오는 것을 오래 기억하는 것만이 기록의 가치라고 착각한다. 그러나 기록이 삶의 강력한 무기가 되는 순간은 바로 내 안에 있는 잠재성을 끄집어낼 때 찾아온다.

나는 당신이 잠재성이라는 엄청난 자산을 잠재운 채로 살지 않기를 바란다. 우선 내면의 소리에 귀 기울여 보라. 내면의 소리는 계속 생각하고 메모하며 '명시화explicit'하는 과정에서 들을 수 있다.

우리 내면의 수많은 것들은 액체 상태로 존재한다. 이들 중 일부만 선택해서 고체 상태로 만들어 주는 게 바로 기록의 역할이다. 고정되지 않고 유동적으로 떠돌던 것은 기록을 통해 일종의 확정 상태가 된다. 물처럼 흘러가는 생각, 심상, 회상, 기억, 감정 등 우리 안에 내포된implicit 것을 명시화함으로써 우리는 잠재성을 현실 능력으로 활용할 수 있다.

메모를 안 하는 사람은 잠재성을 깨우지 않는 사람이다. 내면에 흐르는 무수히 많은 것 중에서 '이게 핵심일 것 같다'는 생각을 끄집어내 메모하는 행위, 그 행위를 통해 자신만의 콘텐츠를 만들어 내는 능력은 인생의 방향을 좌우할 강력한 무기가 된다.

여기서 중요한 것은 기록이 글로만 이루어진 것은 아니라는 점이다. 말이든 그림이든 음악이든 내면에 있는 것을 명시화하는 것은 모두 기록의 행위라고 해석할 수 있다. 내가 지닌 능력과 잠재성을 상황과 필요에 맞게 선별하고, 그것을 말이나 그림, 글 등의 명시적인 고체로 만들어 주는 것. 이것이 안에서 끄집어내는 기록의 핵심이다.

불우한 어린 시절, 게으르고 치기 어린 청년기, 실패한 과거와 불투명한 현재 등 지금까지 어떻게 살았든 그 삶의 과정을 통해 엄청난 자산이 당신의 몸과 마음과 머리에 쌓여 있다. 이제 당신 안에 잠든 자산을 깨워 보라. 텅 비어 있던 가슴과 머릿속이 구체적인 동기나 목표로 하나씩 채워질 것이다.

생각하는 힘을 기르는 3단계 연습

생각을 정리하는 일에 익숙하지 않은 사람은 자신이 무슨 생각을 하는지조차 모르고 살아간다. 생각의 범위는 굉장히 넓지만 내가 가장 강조하는 것은 '한 가지 주제에 대해 끝까지 생각하는 힘'이다.

잡념 없이 하나의 생각으로 스토리라인을 만들어 갈 수 있는 사람은 많지 않다. 오래 생각하는 힘을 기르지 않으면 무슨 생각을 하든 중간에 상념이 끼어들어 툭툭 끊기게 마련이다. 생각이 길을 잃게 되는 것이다.

일본의 뇌과학자 모기 겐이치로는 『생각하는 인간은 기억하지 않는다』에서 장기 기억과 단기 기억에 대해 설명한다. 장기 기억은 측두 연합 영역에 보존되고 단기 기억은 전두엽에서 작동하는데 아무리 많은 장기 기억을 측두 연합 영역에 저장한다고 하더라도 전두엽으로 끌어내 현실 세계에 적용하는 훈련을 하지 않으면 기억이라는 보물을 적절하게 활용할 수 없다는 것이다.

생각을 연속적으로 이어 가기란 사실 굉장히 어려운 일에 속한다. 측두 연합 영역에서 전두엽으로 장기 기억을 끄집어내고 단기 기억과 종합해 생각을 체계화하는 과정에는 엄청난 생각의 끈기가 필요하기 때문이다.

우리는 간혹 세 수 앞을 내다보는 바둑기사나 고차원의 사고력을 요하는 저술을 막힘없이 해내는 사람을 본다. 이들은 어떻게 이토록 깊은 사고를 할 수 있는 것일까? 답은 바로 꾸준한 생각 훈련에 있다.

훈련을 반복하면 구체적인 소재에 대해 생각을 확장하거나 체계화함으로써 스토리(서사)를 만들어 갈 수 있다. 더 나아가 인생의 중요한 순간에 맞닥뜨렸을 때 의미 있는 선택을 하는 것이 가능해진다. 여기에서는 생각 훈련의 첫걸음으로, 생각하는 힘을 키우고 이것을 일상화하는 연습법을 소개한다.

1단계: 반복적으로 되뇌기

나는 책을 두 쪽 정도 읽으면 고개를 들고 '아, 이러이러한 내용이지, 이게 핵심이지.' 하고 잠시 생각한다. 시선을 책에만 두면 무엇이 핵심인지 생각하지 않게 된다. 따라서 책을 읽을 때 반드시 생각을 되짚은 후에 다시 읽어 나가는 과정이 필요하다. 이것을 일상에서 연습하는 방법은 '반복적으로 되뇌기'다.

경영학에서 유명한 기법이자 자기계발에 활용되기도 하는 'Plan Do See' 원칙이 있다. 계획하고, 실행하고, 결과를 평가하라는 뜻인데 이것을 기록에도 적용할 수 있다. 바둑기사들은 경기가 끝난 후에 승패와 상관없이 '복기'를 한다. 자신이 놓은 모든 수를 하나도 빠짐없이 다시 짚어 본다. 이게 되뇌기의 대표적인 작업이다. 운동선수도 마찬가지다. 시합이 끝나면 경기를 다시 보면서 무엇을 잘못했고 무엇을 개선할지 분석한다.

생각 훈련에서 되뇌는 과정은 아주 중요한 예열 작업이라고 할 수 있다. 실제로 뭔가를 되뇔 때 우리 뇌의 측두 연합 영역에 있던 장기 기억, 즉 우리가 갖고 있던 지식이 튀어나오는 경우가 많다. 이런 경험을 반복적으로 하면 생각을 깊고 일관되게 하는 힘이 길러진다.

||||||||| 2단계: 생각을 이어 가기 |||||||||

생각은 아주 자연스럽게 흘러 다닌다. 우리의 의지와 상관없이 머릿속에 떠오르기도 하고 지나가기도 한다. 그것이 나쁘다는 건 아니지만 무언가 중요한 결정을 내려야 할 때는 생각을 집중해야 한다. 목적과 주제를 명확히 정해 생각해야 하는 것이다. 이때 중요한 것이 '생각의 이음'이다.

생각의 이음에는 두 가지 방법이 있다. 첫째, 분류해서 생각하는 것이다. 주제를 크게 나누고, 그 각각에 대해 다시 구체적으로 생각을 이어 가는 방식이다. 둘째, 행위의 순서대로 생각하는 것이다. '첫 번째는 뭘 하고, 두 번째는 뭘 하고, 세 번째는 뭘 하겠다'는 식으로 구성해 보는 것이다.

대학생인 내가 이번 학기를 어떻게 보낼까에 대해 생각한다고 해 보자. 먼저 분류를 시작한다. 이번 학기에 할 일들을 일상생활, 공부, 놀기의 세 가지로 나눴다. 일상생활에서는 운동에 중점을 두고, 공부에서는 프로그래밍 능력을 키우는 것에 집중하고, 놀기에서는 영화 감상에 중점을 둘 것이다. 그리고 다른 것들은 무엇을 더 하면 좋을까? 이런 식으로 구체화하며 답을 찾을 수 있다.

그다음으로는 행위의 순서다. 이때는 시간별로 생각할 수 있을 것이다. 3월에는 무엇을 하고, 4월, 5월, 6월에는 무엇을 할지 떠올린다.

이렇게 두 가지 방향으로 생각을 이어 가면 이번 학기를 어떻게 보낼 것인가에 대해 체계를 세워 생각을 끝낼 수 있다. 이것을 토대로 기록을 남기면 그게 한 학기에 대한 구체적인 계획이 된다. 우리는 간혹 생각의 단편을 계획이라고 착각하지만 정리되어 있지 않은 생각은 계획이라고 할 수 없다.

버스를 타고 이동하면서도, 집에서 가만히 책상에 앉아서도 끊임없이 생각하는 연습을 하길 바란다. 단편적인 생각을 연결해 완결성을 부여하는 순간 하나의 계획이 될 것이다.

‖‖‖‖‖‖‖ 3단계: 글로 쓰기 ‖‖‖‖‖‖‖

3단계는 메모를 하거나 글로 쓰며 생각을 굳히는 과정이다. 앞서 우리가 한 학기를 어떻게 지낼 것인가에 대해서 생각했다면 그다음에는 메모를 해야 한다. 이번 학기의 핵심 목표를 하나 쓴 다음 구체적인 목표를 몇 가지 더 설정해서 나열한다. 그다음에 각각의 목표를 달성하기 위해서 무엇을 할 것인지 정리한다. 마지막으로는 시간 순서대로(3월, 4월, 5월, 6월에 할 것) 쭉 써 보는 것이다. 이것이 바로 구성과 시퀀스다.

좀 더 깊이 있게 생각을 발전시키고 싶다면 메모해 놓은 것을 토대로 이번 학기를 어떻게 보낼지, 마치 영화 보듯이 연상하면서 글로 작성해 보는 것도 좋다. 미래에 대해 그리다 보면 상당 부분이 현실로 다가온다. '상상'이 그 일을 더 즐겁게, 열심히 하게 만들어 주는 힘으로 작동하기 때문이다.

인간은 모두 머릿속에 작은 우주를 가지고 있다. 이를 모른 채 살아가는 사람도 있고, 그냥 내버려 두는 사람도 있다. 반면 자신의 잠재성을 꾸준히 탐구하고 단련해 인생의 무기로 활용하는 사람도 있다. 내 안에 숨겨진 힘을 꺼내는 일. 얼마나 매력적인가?

3단계 생각법을 꼭 연습해 보길 바란다. 생각의 주제는 새해 계획이어도 좋고 사회 현상에 대한 해석이어도 좋다. 일주일에 세 번만 연습해 보라. 한 가지 사항에 대해 생각을 모으고 하루 이틀 동안 반복적으로 생각한다. 그렇게 해서 종국에는 메모하고 글로 쓰는 것이다. 일주일에 세 번, 한 달만 지속해도 당신의 삶에 변화가 찾아올 것이다.

2장

자유

"한계에서 벗어나고 싶다면
욕망을 기록하라."

당신의 삶이
공허한 이유

　여기 주부가 있다. 아이들을 등교시키고 배우자를 배웅하고 나니 오전 시간이 지났다. 부엌은 난장판에 산더미 같은 집 안일이 기다리고 있다. 설거지를 시작한다. 설거지를 하다가 실수로 작은 접시 하나가 떨어져 깨졌다. 갑자기 눈물이 울컥 쏟아진다. 그 눈물이 뭘 의미하는지 스스로도 잘 모르겠다. 울화통이 터지는 것 같기도 하고 서러움이 복받치는 것 같기도 하다.

　이런 마음이 드는 까닭은 가치 상실이 일어났기 때문이다. 특히 육아를 포함한 가사 노동은 여전히 노동으로 인정받지 못하는 경우가 많다. 그래서 정말 의미 있는 생산 행위를 하는

데도 자기가 하는 일에 가치를 부여하기가 쉽지 않다. 그러다 보니 인생의 가치도 의심하게 되는 것이다.

꼭 주부만의 이야기가 아니다. 집안일처럼 우리가 살면서 꼭 해야 하는 일들을 처리하다 보면 하루가 훅 가 버린다. 직장에서도 중요한 일, 가치 있는 일이 아니라 잡일만 하다가 하루가 끝난다고 느낄 수 있다. 이런 나날이 지속되면 '내 인생은 뭐란 말인가, 이렇게 살다 죽는 것인가' 같은 불안이 쌓인다. 이 불안은 자기 자신을 탓하는 나쁜 방향으로 흐르기도 한다.

하루 종일 분주하지만 무엇을 위해 분주한 것인지 모르겠는가? 매일 열심히 사는데 그것이 나를 더 나은 삶으로 이끌지 않는 것 같은가? 이럴 때 당신이 가장 먼저 해야 하는 일은 일상을 정돈하는 것이다. 내 인생에서 중요한 일과 덜 중요한 일을 구분하고 자신만의 일상 시스템을 만들어야 한다.

회사나 조직에만 시스템이 필요한 게 아니다. 삶을 체계적으로 잘 정돈하는 시스템은 일상에 큰 자유를 선사한다. 내가 사용하는 세 가지 일상 정돈법을 소개한다.

1. 공간을 구분하라

책을 좀 읽으려는데 쌓인 설거짓거리와 빨랫감이 보이면, 그런 일을 처리하느라 정작 하고 싶었던 독서는 뒷전이 된다.

그래서 나는 공간 나누기를 추천한다. 만약 공간이 좁다면 책상만 나누어도 된다. 예를 들어 나는 책상을 공부하는 곳으로 쓰고, 식탁은 공부 외 다른 일을 처리할 때 사용한다. 집 거실에 작은 책상을 마련해서 글쓰기나 영화 보기 등 꼭 해 보고 싶었던 일을 하는 핵심 공간으로 만들어도 좋다.

2. 집중 시간과 휴식 시간을 구분하라

책을 읽기 시작했는데 집중력이 떨어질 수 있다. 그때는 벌떡 일어나서 설거지를 시작하자. 틈새 시간을 이용해서 세탁기도 돌린다. 요컨대 내 인생에서 중요하다고 생각하는 일을 중심에 두고 자투리 시간을 활용해 집안일이나 잡일을 처리하는 것이다. 나는 이것을 '벌떡 습관'이라고 부른다.

우리가 한번에 집중할 수 있는 시간은 40분 남짓이다. 십수 년을 번역가로 일한 김명남 작가는 자신이 개발한 KMN 작업법을 통해 40분 집중해서 일하고 20분 휴식하라고 제안한다.* 각자 본인의 상황에 따라 시간을 조정해서 사용해도 좋을 것이다. 나의 경우는 45분 공부하고 15분 쉬는 것을 완전

---

* 김명남 번역가가 직접 소개한 40+20 작업법. https://starlakim.wordpress.com/2019/06/29/4020-%EC%9E%91%EC%97%85%EB%B2%95/

히 몸에 익혀 실천하고 있다. 몇 분이 되었든 휴식 시간을 활용해 집안일을 처리한다.

그런데 집안일을 하다 보면 거기에 빠져서 처음 계획했던 시간을 어기는 경우가 허다하다. 하지만 이때는 좀 더 단호해져야 한다. 설거지를 하다가 미처 헹구지 못했더라도 휴식 시간이 끝나면 중지하고 원래 일로 돌아와야 한다.

집안일을 하는 게 어떻게 휴식이냐고 말할지 모르겠지만, 휴식 시간은 몸을 쉬는 시간만을 뜻하지 않는다. 현재 집중하고 있는 일과는 전혀 다른 활동을 함으로써 머리를 식히고 마음을 정돈할 수 있는 시간을 만들어 줘야 한다.

3. 삶의 중심이 되는 일을 계속 생각하라

지금 어떤 일을 하고 있건 내 인생에 중심이 되는 일에 대한 생각을 놓지 말아야 한다. 그러면 몸은 다른 일을 하고 있을지언정 나중에 중심으로 돌아오기가 한결 수월해진다. 이렇게 하면 잡일에 대한 부정적인 생각도 훨씬 줄일 수 있다.

나는 오늘 오전에 강의를 하고 글을 2쪽 정도 써야 했다. 이것만으로도 꽤 바빴지만 두 일을 하는 사이사이에 분리수거를 하고 점심을 만들고 설거지까지 했다. 그리고 업무 메일도 확인했다.

그냥 보기엔 분주한 오전이지만 내 안에서는 잘 정돈된 일상이다. 또한 자투리 시간에 하는 집안일은 잠시 머리를 식히기에도 좋고, 나 자신과 우리 가족에게 가치 있는 일이라고 생각한다. 이렇게 의미부여를 하면 어떤 일이든 충분히 즐겁게 할 수 있다. 이제 더 이상 설거지하다가 눈물 흘리는 일은 없을 것이다.

진짜 욕망을
찾아가는 과정

이번에는 어느 직장인을 보자. 회의 자료를 복사해서 들고 가다가 누군가랑 부딪혀서 우수수 떨어뜨렸다. 눈물이 툭 터진다. 그는 마치 커다란 기계의 부품이 된 것 같은 기분을 느낄 때가 있다. 자신이 하는 일이 가치 없게 느껴진다.

직장인이라면 하루 8~9시간 혹은 그 이상을 직장에서 보낼 것이다. 지금 하는 일이 내가 원했던 게 아니라면, 일하지 않을 때마저 아무것도 하지 않고 공허하게 보내고 있다면, 이런 내 인생에 대체 무슨 의미가 있을까?

반복되는 출퇴근에 진이 빠지고 회사에서 영혼까지 탈탈 털리는데 주변을 둘러보면 나만 힘든 것 같아 보인다. 다른 사람들은 모두 연애하고 여행 가고 차도 사고……. 어찌 됐건 즐거워 보인다. 나만 여기에 속하지 않은 것 같은 느낌이 든다.

요컨대 자기 삶의 주관자로 살지 못하는 것이다. 대부분 '열심히 일해서, 돈을 많이 벌어서 좋은 집과 차를 사겠다'는 등의 주입된 이상향으로 머릿속을 채운다. 단순하게 정의하자면 나의 내면에서 나온 욕망이 아니라 미래의 이상향을 찾으면서 현재를 살아가는 것이다.

그 이상향이 진짜 내 욕망일까? 드라마 주인공이나 회사에서 잘나가는 동료가 만들어 낸 외적인 성공 이미지가 어느덧 나의 욕망이자 미래로 설정된다.

문제는 이렇게 10년, 20년을 이상향으로 생각하고 살았던 모습이 진정한 내 모습이 아니라는 사실을 뒤늦게 발견하는 사람이 많다는 것이다. 그때는 인생이 얼마나 허망하고 힘들게 느껴지겠는가. 그동안 나는 무엇을 위해 쉬지도 않고 잠도 줄여 가면서, 때로는 굴욕적인 순간을 마주하며, 관심도 없는 일을 억지로 해 왔단 말인가.

이 순간 내 머릿속을 채우고 있던 이상향이나 미래는 거품처럼 꺼지고 텅 빈 무無만이 남아 있다. 앞으로 뭘 어떻게 해야 할지도 모르는 상황에 빠진다. 특히 현대처럼 잘게 분업화된 일을 하다 보면 내가 하는 일이 누구에게 어떤 영향을 끼치는지 피부로 느끼기 어렵다. 그래서 의미를 찾기도 힘들다.

여기서는 직장인을 예로 들었지만 많은 현대인이 자신의 인생을 자기 것이 아닌 것처럼 느낀다. 열심히 살아가는 건 좋지만 그 열심이 내가 원하는 열심인지, 나의 내면을 깎아 먹지는 않는지 생각해 보지 않는 건 아주 위험하다.

나의 진짜 욕망과 대화하라

스스로 삶의 주체(주관자)가 될 때 자신이 가진 진짜 욕망을 만날 수 있다. 지금까지 이렇게 살아왔기 때문에 이미 늦었다거나 더 이상 바꿀 수는 없다는 말은 마시라. 사람들은 정체성이 한번 형성되면 고정 불변하는 것이라고 오해하곤 하지만 여기서 말하는 정체성은 변화하고 성장하고 생성하는 일종의 주체성이다. 이것은 꿈을 이루어 가는 과정이기도 하다.

주체성을 찾는 가장 첫 단계는 '성찰'이다. 나 자신을 돌아보는 것이다. 그런데 대체 어떻게 나 자신을 돌아본단 말인가. 성찰한다고 하면서도 실제로는 전혀 실천하지 못하는 사람이 부지기수다. 어떻게 성찰할지 모르기 때문이다.

나는 성찰이라는 말이 조금 거창하게 느껴져서 '자기와의 대화'라고 표현하는 걸 더 좋아한다. 내면에 있는 것을 끄집어 내 보는 것이 곧 자기와의 대화다. 삶이 무의미한 것 같고 자기다운 삶을 살지 못한다고 느낀다면, 그래서 불안하고 억울하고 무기력하다면 기록을 통해 자기와의 대화를 시작해 보자. 자유는 자기를 만나야 시작된다.

자기와의 대화를 시작하면 내면의 잠재성을 끊임없이 표면으로 끌어올릴 수 있게 되고, 잠재된 능력을 그대로 표출할 수 있게 된다. 자기를 돌아보라. 내가 누구인지, 어떤 삶을 살고 있는지, 어떤 삶을 살고 싶은지 진짜 욕망을 보라. 그러면 희미하던 내가 점차 명확하게 보이기 시작할 것이고, 이것은 생각의 변화로 이어질 것이다. 매일 반복되는 고단하고 권태로운 일상에 의미가 생길 것이다. 이것이 자기다운 삶을 살아가는 계기가 될 것이다. 자신의 진짜 욕망을 알면 자유로워진다.

다음은 당신이 인생을 되돌아보고 진짜 욕망을 실현하는 나다운 삶을 찾기 위해 내가 제안하는 기록법이다.

1. 내가 현재 바라는 것을 적어라

자신의 인생과 일에 대해 가치가 의심된다면 내면에 존재하는 생각의 세계, 그것의 정체가 무엇인지 꺼내 놓고 잘 들여다봐야 한다. 잠깐 식탁에 앉아서, 혹은 직장에서의 자투리 시간이나 잠자리에 들기 전에 마음속에 있는 것을 끄집어내 메모해 보는 것이다.

마음이 힘들다면 그것에 대해 써 보자. 배우자에 대한 비난을 늘어놓게 될 수도 있다. 아무도 보지 않으니 마음 놓고 글로 쏟아 내라. 그렇게 쓰고 나면 우리 마음 안에 분명 또 다른 생각이 잠들어 있다는 걸 알게 된다. 쓰다 보니 배우자가 좀 짠하다는 생각이 들 수도 있다. 아이들에 대한 복합적인 마음도 기록한 다음에야 튀어나오곤 한다.

물론 연습이 필요하다. 하지만 일주일만 실천해 봐도 스스로가 보이기 시작한다. 불현듯 눈물이 쏟아진다면, 가슴이 꽉 막힌 것처럼 느껴진다면 그것을 내면에 묻어 두지 말고 글로 명시화해 보라. 안개처럼 뿌옇던 자기감정과 생각의 실체가 구체화되어 드러날 뿐만 아니라 생각이 정리되기 시작할 것이다. 이 과정을 거쳐야만 긍정적인 생각으로 이어지게 된다.

단, 한 번만 메모하고 끝내면 안 된다. 중요한 것은 반복과 지속이다. 처음 메모한 것은 진짜 내가 바라는 것이 아닐 가능성이 크다. 다음 날 다시 생각해 보고 또 메모하기를 일주일간 반복해 보자. 이틀만 지나도 내가 정말 원하는 것이 크게 달라지는 경험을 할 것이다.

2. '가면 판단'을 하라

사람은 여러 가지 역할을 수행하며 살아간다. 자식이나 부모, 학생이나 직장인, 누군가의 파트너 등 다양한 페르소나를 가지고 있다. 그런데 역할을 해내는 데만 몰두해서 나답게 살아가지 못하거나 타인의 바람을 자기화해서 그것이 자신의 바람이라고 착각하고 있지는 않은가?

부모가 바라는 나는 평생을 따라다닌다. 배우자나 자식이 바라는 내가 되려고 정신없이 살아간다. 친구들이 바라는 내가 되기 위해 무리하기도 한다. 직장에서 바라는 내가 되고자 기를 쓰고 일한다. 이보다 더 강력한 것도 있다. 사회 전체가 요구한다고 착각하는 나다. 돈, 명예, 지위를 얻은 삶 말이다. 과연 진짜는 어디에 있을까?

다음 세 가지를 적어 보자. 먼저 나에게 가면을 씌우는 페르소나의 항목들은 무엇인가. 부모, 배우자, 자녀, 직장, 사회. 그리고 그들이 나에게 바라는 게 무엇인가. 마지막으로 그 바람을 실행하기 위해 내가 애쓰고 있는 지점이 무엇인가.

내가 현재 바라는 것과 가면 판단을 통해서 깨달은 페르소나를 비교해 보면 무엇을 해야 하는지 알 수 있다. 나의 삶에서 무엇을 버릴 것인지, 무엇을 병행할 것인지, 무엇을 추구할 것인지 명확하게 보이기 시작한다.

자유는 이렇게 시작된다. 현재의 내 모습을 객관적으로 바라보고 내면에 감춰 둔 욕망을 알게 되면 내 앞을 가로막고 있는 한계의 실체가 드러난다. 더 중요하게는 그 한계를 어떻게 뛰어넘어야 하는지 실마리를 찾게 된다. 한계를 넘어 자유로워지고 싶은 당신에게 기록을 권하는 이유다.

일하기 싫은
진짜 이유를 찾아라

당신은 즐거운 마음으로 일하고 있는가? 이렇게 말하면 이 상하게 볼지 모르겠지만 나는 일하는 걸 굉장히 좋아한다. 일 하는 사람은 일반적으로 두 가지 유형으로 나뉜다.

첫째는 일을 하는 것 자체가 재미있고 그게 자신의 의미인 경우다. 바로 내가 그렇다. 여기에다가 취미를 비롯한 몇 가지 활동이 추가되면 스스로 일상의 주관자로서 잘 살아가고 있 다고 할 수 있다. 둘째는 자신이 원하는 것과 일이 서로 맞지 않는 경우다. 앞선 경우보다는 힘들겠지만 이때도 생존을 위 한 노동을 인정하는 동시에 자기다운 삶을 찾으려는 노력을 지속하는 게 바람직하다. 생존을 위한 삶을 폄하하고 부정하기보다는 생존과 꿈의 실현을 병행하는 것이 중요하기 때문이다. 자신이 진정 원하는 꿈에 다가가기 위한 구체적인 과제들을 일상 속에 잘 배치함으로써 우리는 삶을 유지하면서 꿈에도 한 걸음씩 다가갈 수 있게 된다.

앞서 페르소나에 대해 이야기했다. 지금의 일이 그저 다른 사람들이 좋다고, 가치 있다고 여기기 때문에 지속하고 있지는 않은가? 그것은 나의 욕구가 아니다. 사실 우리 사회의 불행이 여기서 비롯된다고 해도 과언이 아니다.

일하는 게 왜 즐겁지 않은지, 아니 심지어 괴로운지, 이 상황에서 어떻게 벗어날 수 있는지 알고 싶은가? 그렇다면 다음 4단계를 실행해야 한다.

1단계: 내가 이 일을 하는 이유는 무엇인가?

지금 하고 있는 일을 가운데 쓰고 이 일을 하는 외적인 이유를 적어 보자. 돈을 많이 주니까, 부모님이 원하니까 등 솔직하게 써야 한다. 그런 다음 내면에서 떠오르는 이유가 무엇인지도 찾아보자. 어떤 이유가 가장 마음을 끄는가? 그 일을 포기할 수 없는 가장 중요한 이유를 고를 수 있는가?

이를 적어 보는 것만으로도 현재 하는 일이 내가 원하는 것인지, 아니면 일을 그만두어야 할지 판단을 내릴 수 있다. 또한 판단이 잘 서진 않더라도 마음에 작은 파동을 일으키는 계기가 될 수 있다. 오히려 이 상태의 사람이 더 많을 것이다. 그럼 다음 단계로 넘어가면 된다.

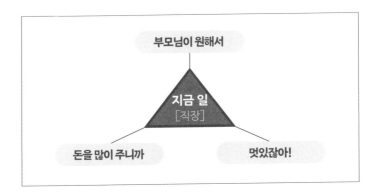

2단계: 작은 욕망을 실행하라

갑자기 어떤 욕망이 떠오를 때가 있다. 바다를 보고 싶다거나 그냥 푹 자고 싶을 수도 있다. 평소에는 쉽게 억누르는 이런 욕망의 소리에 귀를 기울여 보라. 남에게 피해를 주는 것도 아닌데 우리는 욕망을 실현하며 살지 못하는 수많은 이유를 가지고 있다.

삶이 바빠서, 가족을 위해, 체력이 안 돼서 등의 이유로 욕망을 참고 살면 결국 자신이 원하는 게 무엇인지 알아낼 수 없는 마이너스 관성이 작동하게 된다. 이것을 끊어 내기 위해 과감하게 욕망을 실행해 보는 것이다.

당신의 작은 욕망을 일주일 혹은 2주에 하나씩 실현해 보자. 그러다 보면 자신이 원하는 대로 살아갈 힘을 조금씩 얻게 되고, 무엇을 원하는지 비로소 정확히 알 수 있는 상태가 될 것이다.

3단계: 내가 지향하는 가치는 무엇인가?

나다움을 찾을 때는 내가 지향하는 가치가 무엇인지 알아야 한다. 이건 사람마다 다른데, 내 경우엔 '자유'였다. 어떤 사람에게는 '창의성'일 수도 있고, 또 다른 사람에게는 '평안'일 수도 있다.

꼭 직업이 아니더라도 나를 기쁘게 하는 것, 내가 잘하는 것 등을 기록하고 구체적인 행위와 연결해 보라. 여러 가지 일의 종류를 나열하고 내가 좋아하거나 잘하는 일과 연결하는 것이다.

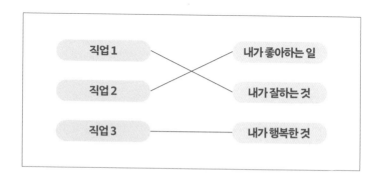

4단계: 병행 전략을 써라

물론 원하는 일을 찾았다고 해서 당장 회사를 그만두라는 뜻은 아니다. 생계는 굉장히 중요한 삶의 요소다. 다만 생계 때문에 욕망을 포기하지 말라는 의미. 생계를 유지하면서도 욕망을 가질 수 있다. 일종의 병행 전략이다.

시간을 내서 욕망에 몰두했을 때 경험한 쾌감을 통해 '내가 나다운 삶을 살 수 있는 사람이구나'라는 자기 확신에 도달할 수 있다. 반대로 직접 경험해 보니 내가 진정 원하던 게 아닐 수도 있다. 생각했던 것보다 행복하지 않을 수도 있다. 그래도 괜찮다. 그 시행착오를 바탕으로 또 다른 것을 시도하면 된다.

당신이 진정으로 원하는 일을 찾았다면, 거기서부터 진짜 인생이 시작된다. 자기다운 삶과 자유를 향해 그리고 자신을 사랑하기 위해 종이를 펼쳐라.

미래가 불안하다면
경험을 기록하라

미래가 불안하지 않은 사람은 없다. 내가 지금 어디로 가고 있는지, 어디로 가야 하는지 길을 찾지 못하기 때문에 불안하다. 꿈은 없는데 진로를 정해야 하는 학생들, 취업이 막막한 대학생, 아이를 낳은 뒤에 재취업할 수 있을지 걱정인 여성, 은퇴 후 무엇을 해야 하는지 알 수 없는 직장인…….

이들 대부분은 자신의 과거를 부정적으로 생각한다. 현재 일이 잘 안 풀리면 과거의 자신이 뭔가를 잘못해서 그렇다고 생각한다. 이것은 최대의 착각이다.

'아들러 심리학'으로 유명한 오스트리아의 정신의학자 알프레트 아들러의 목적론에 따르면, 현재의 모습은 스스로의 선택이며 과거에 원인이 있다고 생각하는 것은 현재의 내 모습을 탓하기 위한 수단에 불과하다. 이에 대해서는 기시미 이치로와 고가 후미타케의 『미움받을 용기』를 읽으면 쉽게 이해할 수 있다.

책의 주인공인 '청년'은 과거 아버지의 폭력으로 인해 집에만 틀어박히게 된 친구에 대해 이야기한다. 그러나 '철학자'가 말하는 목적론에 따르면 그 친구는 밖에서 상처받고 싶지 않아 집에서만 머물 핑계를 과거 아버지의 폭력에서 찾은 것이다.

결국 문제를 해결하는 것이 두려워 그 문제를 해결하고 싶지 않은 것이 당신의 '목적'이 된다. 그 목적을 합리화하기 위한 한 가지 방법은 자신의 과거를 부정적으로 인식하는 것이므로, 목적에 대한 생각을 바꾸면 과거에 대한 해석도 달라진다.

우리는 기억을 왜곡 편집한다. 어떤 부분은 과장되게 기억하기도 한다. 이 경험이 누적되어 무의식을 형성하는데, 부정적인 무의식은 왜곡 편집된 기억에 의해 형성되는 경우가 많다. 문제는 부정적인 무의식이 쌓이면 부정적인 사람이 되기 쉽다는 것이다.

하브 에커의 『백만장자 시크릿』은 부자가 되고 싶은 사람뿐 아니라 내적으로 성장하고 싶은 사람들에게도 좋은 책이다. '부자'를 '성장'으로 치환하기만 하면 된다. 하브 에커가 주장하는 바의 핵심은 무의식이 우리 생각에 직접적인 영향을 끼치고 그 생각이 행동에 영향을 준다는 것이다.

이때 에커는 명시 과정을 강조한다. 무의식이 작동해서 생각의 방향이나 종류, 특성이 결정되고, 그 생각에 따라 감정, 느낌, 기운이 발생한다. 사람은 그것에 따라 행동하고 어떤 결과를 낳는다. 그래서 긍정적인 무의식이 활성화되어 있으면 긍정의 에너지가 지속되어 좋은 결과가 나오고, 거꾸로 부정적인 무의식이 활성화되어 있으면 성장하거나 성공할 수가 없다.

답은 과거 속에 있다

내가 어떤 무의식을 가지고 있는지 어떻게 알아볼 수 있을까? 이를 알기 위해서는 우리 무의식에 영향을 주는 요소를 점검해 봐야 한다.

크게 두 가지를 들 수 있는데 첫째는 어린 시절의 경험으로 만들어진 우리의 인식과 기억이다. 물론 어릴 때의 경험이 나쁘다고 해서 성공할 수 없다는 건 아니다. 다만 어릴 때 각인

된 무의식을 새롭게 형성해 가도록 노력할 필요가 있다는 뜻이다. 그래서 자신의 성장 과정의 기억을 더듬어 가며, 나에게 나쁜 무의식을 형성했을 만한 경험이 무엇인지 먼저 살펴보고 기록하기를 권한다.

둘째로 자기이해와 자기분석이다. 현재까지의 경험 가운데 뇌리에 강하게 남아 있는 것들과 더불어 그 경험들 때문에 내 무의식이 어떻게 형성되었을지 분석적으로 생각해 보는 것이다. 평상시 의식하지 않고 있었지만 내 성장을 방해하는 무의식을 찾아낼 수 있다. 이것이 바로 자기이해의 과정이다.

여기까지 살펴보았다면 이제 할 일은 과감한 변화를 선택하는 것이다. 내 안에 있는 부정적인 무의식은 내 의지와 상관없이 대부분 경험으로 주입된 것이다. 그것을 긍정적인 것으로 바꿀 권리는 바로 나에게 있다. 반복적으로 기록하고 선언하고 생각함으로써 백그라운드에서 작동하고 있는 무의식을 청사진처럼 긍정적으로 바꿀 수 있다.

11

인생의 본질은
자유를 찾는 과정이다

　자유는 내가 무엇을 할 수 있는가에 달려 있다. 마음, 태도, 기술 등을 통틀어 어떤 것을 '할 수 있는' 능력이 전제되어야만 자유를 누릴 수 있다는 의미다. 배움과 성장만이 우리에게 진정한 자유를 줄 수 있는 까닭이기도 하다.

　만약 여러분이 잘하지 못하는 걸 어쩔 수 없이 해야 한다면 어떤 기분이 드는가? 아마 무척 괴롭고 답답할 것이다. 반대로 열심히 노력해서 못했던 걸 잘하게 된 경험은 있는가? 그때는 어떤 느낌이 들었는가?

　예를 들어 영어를 못할 때는 해외여행을 가면 참 답답하다. 그래서 뒤늦게 공부를 시작해 영어를 잘하게 되어 다시 여행을 갔다고 해 보자. 이때 느껴지는 감정을 한 단어로 표현하면 '자유'다. 그림처럼 느껴지던 글자의 의미가 보이고, 소음으로 들리던 말의 뜻도 알 수 있다.

이처럼 내가 하지 못했던 것을 할 수 있게 되는 일은 인생에서 자유의 영토를 넓히는 과정이다. 친구들이 즐겁게 농구를 하는데 나는 농구를 못한다. 같이 즐기고 싶은 마음이 굴뚝같지만 내가 끼면 민폐가 될 것 같다. 결국 반복적인 연습으로 격차를 메워야만 친구들과 농구할 자유를 얻을 수 있다.

자전거는 또 어떤가. 자전거를 못 타면 시원한 바람을 맞으며 강가를 달릴 자유를 얻지 못한다. 운전을 못하면 자기가 원하는 시간에 원하는 곳으로 더 자유롭게 이동할 수 없다. 가까운 바다로 가서 크게 심호흡을 하며 해안을 달릴 자유를 만끽할 수 없는 것이다. 또한 글, 그림, 음악 등 창작에 서툴다면 나를 표현하는 자유를 누리기 힘들다. 이렇듯 우리가 하는 것, 할 수 있는 것 혹은 못 하는 것 대부분이 자유의 영역에 해당한다.

자신의 한계를 규정하지 말 것

물론 모든 걸 다 잘할 필요는 없다. 다만 우리가 인식해야 할 것은 '내가 무언가를 할 수 있느냐 없느냐를 누가 결정했는가'라는 점이다. 사실 이것은 온전히 스스로의 결정이라고 보기 힘들다. 특히 어릴 때 무엇인가를 배우고 경험하는 것은 주로 부모의 의지나 양육 방침, 경제 상황에 큰 영향을 받기 때문이다.

마찬가지로 내가 잘하는 것이 내 의지와 상관없이 결정된 우연의 산물인 경우도 굉장히 많다. 우연의 산물로 내가 A, B, C를 할 수 없는 사람이라고 가정해 보자. 그런데 그중 B와 C는 내가 정말 하고 싶은 일이다. 이 괴리는 아쉬움을 넘어 우울이나 공허를 불러일으킬 수도 있다.

'나는 그거 못 해'라고 스스로 정해 놓는 사람이 되지 말자. 살면서 겪게 되는 어려움을 두고 흔히 벽에 부딪혔다고 표현한다. 우리는 벽 앞에서 비겁해지기 쉽다. 그냥 살던 대로 살자고 안주하게 된다. 심지어 기회가 주어졌을 때도 회피하고 싶어진다.

그러나 스스로 하지 못하는 것이라고 정해 버리는 순간 평생 변화할 수도, 성장할 수도 없다. 내 자유를 제한하는 벽을 적극적으로 넘지 않으면 내 자유의 영토도 제한될 수밖에 없다. 나는 자유의 영토를 넓혀 가는 것이 인생의 본질이라고 생각한다. 용기와 의지를 가지고 부지런하게 움직이자.

그게 무엇이든 끈기 있게 지속하면 성장할 수 있고 그러면 자유로워진다. 다시 한번 강조한다. 자유로워지고 싶다면 기록을 무기 삼아 스스로의 한계를 뛰어넘어 보자.

한계를 뛰어넘는 기록의 힘

내가 못하는 것들의 리스트를 적어 보라. 뭘 못하는지 알아야 극복할 수도 있다. 지금 당장 모두 찾지 않아도 된다. 일주일 정도 시간을 두고 생각하자. 리스트를 작성할 때는 개수에 대한 기준을 갖는 게 좋은데, 나는 20개 정도를 추천한다.

리스트를 작성하면 '이 중에서 이건 정말 잘하고 싶다'라는 욕망을 발견하게 될 것이다. 내 자유의 영토를 어느 쪽으로 넓힐지 방향을 가늠해 보는 것이 리스트 작성의 목적이다. 당신 앞에 놓인 수많은 벽 중에서 어떤 벽을 가장 먼저 뛰어넘을지 결정을 내릴 수 있다.

우선순위를 정해서 가장 잘하고 싶은 것부터 시도해 보자. 이때 사전 조사는 필수인데 어떤 노력을 어떻게 얼마나 해야 하는지 분석하고 계획을 세워야 한다. 한꺼번에 너무 많이 하려고 하기보다 매일 조금씩 꾸준히 실천하는 것이 더 중요하다.

잘하게 되었다고 해서 끝이 아님을 명심하자. 내가 어떻게 해서 그 능력을 터득하게 되었는지 과정을 정리해 보길 바란다. 그리고 자신을 칭찬하는 말도 써 보자. 자기소개서를 쓸 때 큰 도움이 되는 것은 물론 새로운 나를 발견할 수도 있다. 하나의 벽을 넘고 나면, 넘고 싶은 벽이 점점 많아질 것이다. 과정과 칭찬의 기록은 다음 벽을 넘는 데 큰 원동력이 된다.

자유의 크기는 내적 자산의 크기에 비례한다. 기록은 내적 자산 축적에 도움을 줄 것이다. 매일 조금씩 더 자유로워지는 감각이 우리의 삶에 반드시 필요하다.

12

기록은 나눌수록
확장된다

기록학자로 25년을 살아온 나에게 기록의 가장 중요한 목적이 무엇이냐 묻는다면 나는 망설임 없이 대답할 것이다.

첫째, 자신의 욕망을 찾는 것.
둘째, 나의 욕망을 타인과 나누는 것.

자신의 욕망을 찾는 것에 이어 기록의 또 다른 핵심은 바로 '나누는 것'이다. 기록을 나눈다는 말은 단순히 글자를 나누는 것이 아니라 나의 깨달음을 다른 사람들과 나누는 것을 의미한다. 실존주의 철학자 하이데거는 인간을 '세계에 던져진 존재'라고 불렀는데, 그 세계는 혼자 사는 곳이 아니다. 아기는 태어나면서부터 본성적으로 어머니의 존재를 느끼고 보호받는다고 여기며 세상에 눈을 뜬다. 조금 지나면 친척이나 이웃을, 학교에 가면 선생님이나 친구들을 만난다. 그러면서 사회화 과정을 거치게 된다.

알프레트 아들러는 이것을 '공동체 감각'이라고 부른다. 공동체 감각은 태어나면서 우리에게 주어진다. 하이데거가 얘기했듯 우리는 탄생과 더불어 우리 의지와 상관없이 세계의 일부가 된다. 우리가 태어나려고 의지한 적이 없는 것처럼 부모도 나를 낳으려고 의지한 적은 없다. 아이를 낳을 의지만 있었지 '나'를 낳을 의지는 없었기 때문이다. 그러므로 우리가 이 세계에 태어난 것은 다 본성적 자연이라고 볼 수 있다.

공동체 감각이 본성의 출발이라면 그다음 본성은 나눔의 욕구다. 동물의 경우에는 자식에게 살아남는 방법을 나눠 준다. 하지만 인간은 생존을 넘어 더 많은 것을 나누려고 한다. 지식, 지혜, 경험 등이 그것으로, 이를 나누는 수단이 바로 기록이다. 그러므로 사람은 태어날 때부터 기록하려는 본능을 타고났다고 볼 수 있다.

앞서 자신을 돌아보는 기록을 자기와의 대화라고 했는데 말이나 책, 블로그, SNS 등을 통해 타인과 나누는 기록은 타인과의 대화다. 말은 상호적이다. 계속해서 주고받는 대화를 통해 인간은 기쁨을 얻을 뿐만 아니라 '존재being'를 넘어 '생성becoming'으로 나아가는 자기 변화를 끊임없이 경험한다.

그러므로 나눌 수 있다는 것은 기록의 아주 중요한 역할이다. 나 역시 강의를 한다든지, 유튜브 채널을 운영한다든지, 지금처럼 책을 쓰는 등의 다양한 방식으로 지혜의 나눔을 적극적으로 실천하고 있다.

내가 나누는 것들은 내 전공인 기록학과 관계없는 것들도 많은데 나는 이 모든 것이 기록의 힘이라고 본다. 내 생각을 현재화해 지속적으로 축적해 온 기록이 모두와 나눌 수 있는 지혜를 만들어 내는 것이다.

소유적 기록과 존재적 기록

대부분의 사람들은 기록을 통해 더 많은 것을 기억하려고 하거나, 기록한 것으로 실적을 남기거나 혹은 역사에 자신의 기록을 남기겠다는 목적을 가진다. 에리히 프롬의 『소유냐 존재냐』를 보면 이런 목적을 '소유적 실존 양식'이라고 말하고, 이와 대비되는 것을 '존재적 실존 양식'이라고 한다.

기록에도 소유적 기록의 기억 방식과 존재적 기록의 기억 방식이 있다. 소유적인 것은 앞서 말했듯 내 것을 만들고 역사에 전승해야겠다는, 그러니까 그 기록과 기억이 내 것이라는 개념으로부터 시작한다.

　이는 수업 시간에 필기한 내용을 파는 것에 비교할 수 있다. 뭐든지 돈을 주고 사는 세상에 익숙한 우리는 경험이나 지식도 그렇게 생각하는 습성을 갖고 있다. 소유한 기록을 어떤 목적에 이용하고 버리는 데도 익숙하다.

　그러나 소유는 결국 우리를 소외시킨다. 내가 소유를 하는 순간 다른 사람의 소유가 보이고, 하나를 소유하면 다른 것을 또 소유하고 싶어진다. 우리는 이것을 인간의 본성이라고 착각하지만 아이들을 보면 아무리 좋은 인형을 사 줘도 애착인형을 놓지 않으려 한다.

　그러다 다섯 살쯤 되어 경쟁 심리가 생기기 시작하면 소유의 감정이 발생한다. 내가 썩 좋아하지 않는 것도 옆 친구가 가지고 놀면 갖고 싶어진다. 남이 소유한 것을 빼앗고 다니는 아이는 외톨이가 될 수밖에 없다.

　반면 존재적 기록은 내 안에 들어와 나를 성장시키는 화학적인 융합을 일으킨다. 그 변화에 흠뻑 빠져 깨달음을 얻고 새로운 것을 경험하게 되는데, 이때의 기록은 소유가 아니라 나

의 존재가 된다. 우리는 소유적 행위에 익숙하지만, 그럼에도
존재적 기록을 지향해야 한다. 기록은 결국 내 안에 내재화된
모든 지식과 경험을 타인과 나누는 체험이기 때문이다.

나를 알아 가는
기록 연습

나답게 살려면 어떻게 해야 할까? 자신이 원하는 바를 찾는 것부터 이루기까지 흔히 '능력'이 있어야 한다고 말할 것이다. 하지만 이는 너무 포괄적이다. 그래서 나는 '기초 근력'이라고 표현한다. 기초 근력을 키워야 나다운 삶을 추구할 동력을 얻을 수 있다. 기초 근력을 키우기 위해서는 우선 자신을 잘 알아야 한다.

인생 지도 그리기

연말이 되면 지난 1년을 돌이켜 보게 된다. 이 시간을 인생 전체로 확장해 보자.

　나의 인생에 대해 정리할 때는 마인드맵을 이용하라. 먼저 가운데 동그라미를 그리고 목표나 꿈을 쓴다. 그리고 일, 자기계발, 가정, 취미, 여가, 인간관계 등의 영역으로 나눈다. 각 항목에 대해 메모해 보면 생각이 훨씬 더 잘 떠오를 것이다. 여기에 더해 좋은 습관과 나쁜 습관도 써 보자. 우리의 삶은 대체로 습관을 통해 형성되기 때문이다.

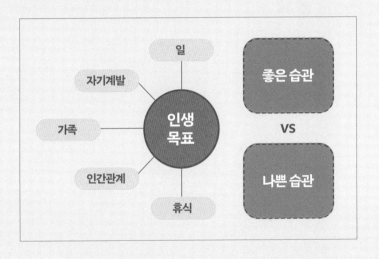

　이렇게 내가 살아온 길을 그리다 보면 스스로 어떤 사람인지 알 수 있다. 특히 어릴 때의 취향을 생각해 보면 의외로 쉽게 답을 찾을 수 있다. 내가 어릴 적 좋아했거나 싫어했던 것 등을 적다 보면 무의식을 불러내는 효과가 있다.

버킷리스트도 정말 좋은 방법이다. '내가 죽기 전에 이걸 안 해 보면 정말 억울해서 못 살 것 같다.' 하는 것을 생각해 보라. 진정으로 원하는 것을 찾아내기란 결코 만만한 작업이 아니기 때문에 생각이 잘 안 나고 시간이 오래 걸릴 수도 있다. 일단 쓰더라도 이게 진짜인지 점검해 보는 시간도 필요하다.

인터넷에서 다른 이들의 버킷리스트를 검색해 보는 사람도 분명 있을 것이다. 우리는 남의 욕망을 검색하는 데 능하다. 너무나 편리하고 즉각적인 답을 얻을 수 있기 때문이다. 하지만 내 인생의 버킷리스트라는 것을 명심하라. 꼭 시간을 충분히 갖고 생각해 보길 바란다.

|||||||| 자기 역사 쓰기 ||||||||

인생 지도 그리기에 이어 이제 자기 역사 쓰기를 해 보자. 자기 역사 쓰기는 기록에 익숙해지고 기록을 이해하는 사람이 할 수 있는 일종의 고급 과정이다. 역사 쓰기는 자기 기록을 체계화하는 데 굉장히 좋은 수단이기도 하다. 기록이란 자기를 알아가는 과정이자 종합하는 과정이다. 현재의 삶을 기록하는 것도 중요하지만 현재까지 남아 있는 기록들을 종합하고 거기에 기억과 생각을 덧대어 자신의 삶을 정리해 보는 행위에는 더 큰 의미가 있다.

사실 이것만으로도 책 한 권을 쓸 수 있지만 여기서는 간단하게 설명하도록 하겠다. 자기 역사 쓰기에는 여러 단계가 있다. 우선 1단계는 기억에 의존한 연표를 작성해 보는 것이다.

초등학교 이전부터 시작하자. 초등학교 이전이라는 먼 과거 중에서 기억에 남는 것은 내 삶에서 중요한 사건이라는 사실을 의미한다. 그런 다음 초등 시절로 넘어와서 떠오르는 사건을 키워드로 적고, 다음은 중학교, 고등학교, 대학교, 첫 직장 등 시간순으로 나아가라.

2002년 봄: 초등학교 입학
2003년 가을: 좋아하는 친구 소영이를 만남
　⋮

여기에서 핵심은 '삶에서 중요하다고 느꼈던 것을 발견한 순간'을 기억해 내는 것이다. 자기 역사를 써 보는 이유는 내가 어떤 사람이라고 스스로 생각하는 것과 실제의 내 역사가 다를 가능성이 크기 때문이다. 연표를 쭉 나열해 보면 그간 알던 자신과 달라 보이기 시작할 것이다. 내 삶에서 중요하다고 생각했던 것이 무엇인지를 기억하면서 나를 파악해 보는 작업이다.

2단계로 삶을 분류해 본다. 역사학에는 경제사도 있고 사회사나 정치사도 있고 사상사도 있다. 이런 것처럼 나의 삶도 나눠 보는 것이다. 예를 들어 공부와 성장, 가족을 포함한 관계, 일에서의 성과 등으로 나눌 수 있다. 이건 사람마다 다를 것이고 어떻게 나눠도 상관없다. 어떤 기준으로 분류하는가의 문제도 자신의 특성을 반영하는 행위다. 3개 이상으로 나누겠다는 원칙만 가지고 자신만의 방식으로 분류해 보길 바란다. 그렇게 분류한 상태에서 각각의 연표를 써라.

3단계는 나의 10대 사건을 선정하는 것이다. 물론 앞의 1, 2단계에서 작성했던 연표와 겹치는 부분이 있을 것이다. 중요한 것은 10대 사건으로 '선택'하는 과정이다. 여기까지가 밑 작업이다. 시간 순으로 쓴 연표, 항목별로 분류한 연표, 10대 사건까지 꼽으면 마치 소설 같은 플롯이 보일 것이다. 내 인생에서 중심이 무엇인지 알게 되면 한 권의 책처럼·목차를 짤 수 있다.

4단계는 기록 수집 작업을 할 차례다. 집에 있는 어린 시절 일기장이나 친구들이 갖고 있는 자료 등을 다 모아 본다. 그 기록들을 자기가 짠 목차에 맞게 배치한다. 여기서 어지간한 건 다 버린다는 생각을 해야 의미 있는 기록만 추릴 수 있다. 대체로 학창 시절의 기록은 많겠지만 일에 관한 기록은 별로 없을 것이다. 그래서 기록상의 불균형이 발생한다.

이럴 때는 셀프 인터뷰를 하면 된다. 기록학에서는 서면 기록을 남기기 힘들면 구두로 기록하는데, 가장 쉬운 기록 방법이기도 하다. 기록이 거의 없는 주제들과 관련해서 자기 구술을 하고 그것을 휴대폰으로 간단히 녹음할 수 있다. 이제 목차에 따라 기록들이 모였다면 그 상태에서 이야기에 자세한 살을 붙이면 된다.

자기 역사 쓰기까지 했다면 이번에는 연사年史를 쓸 차례다. 너무 오랫동안 쓰기보다는 하루에 2시간씩 일주일간 써 보자. 과정은 똑같다. 지난 1년을 기억하고 분류하고 그것에 따라 목차를 짠 다음 1년 동안 모은 기록들을 적절히 배치한다. 큰 얼개가 나오면 그다음에 구체적인 글쓰기에 들어간다. 기록이 명시화의 핵심인 것처럼 글쓰기 작업 역시 명시화의 효과를 볼 수 있다. 그 과정에서 거짓말을 하거나 과시하려는 욕망만 제거할 수 있다면 진짜 자기가 확실하게 보이기 시작할 것이다.

2부

거인의 요약법과 분류법

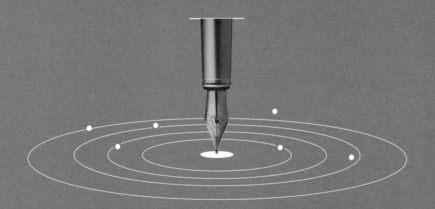

3장

집중

"선택의 순간에 맞닥뜨렸다면
요약하라."

01

기록의 고수는
많이 쓰지 않는다

내가 기록학자라고 소개하면 대부분의 사람들은 하루 종일 노트에 무엇인가를 빼곡하게 적는 모습을 상상한다. 아침에 일어나서 잠들 때까지 삶의 모든 것을 꼼꼼하게 기록하고 정리하는 사람의 모습을 떠올리는 것이다. 사실 이것은 반은 맞고 반은 틀리다.

나는 아침에 일어나서 잠들 때까지 모든 것을 기록한다. 오늘 할 일과 여유 시간에 즐길 거리, 사람들과 나눈 대화, 나의 감정, 심지어는 집안일까지 기록한다. 다만 업무 내용이나 대화를 하며 오간 말들을 하나도 빼놓지 않고 '그대로' 적는 것은 아니다.

기록을 하라고 하면 속기사처럼 다 받아 적어야 한다고 착각하는 사람이 많다. 책을 읽으면서 기록하라고 하면 거의 책만큼 기록하는 사람도 있다. 또 책 20쪽을 읽고 기록하라고 하면, 20쪽 읽는 시간만큼 기록하는 데 할애하기도 한다. 듣기만 해도 숨이 턱 막히지 않는가. 이는 기록을 포기하게 만드는 지름길이다.

강의를 들으면서 기록하는 것도 마찬가지다. 선생님의 말을 하나도 빠짐없이 다 받아 적었는데도 불구하고 막상 강의 내용이 기억나지 않는다. 참 억울할 노릇이다.

온라인 강의라고 사정이 다르지는 않다. 강의 영상을 멈춘 후 노트에 열심히 필기하고, 다시 영상을 재생하고, 받아 적지 못한 내용을 보기 위해 영상을 되감기 하지 않는가? 이렇게 하면 필기를 하느라 정작 강의에는 집중하지 못한다.

그렇다고 필기한 것을 다시 보느냐? 그것도 아니다. 그도 그럴 것이 그 많은 양을 언제 다시 본단 말인가. 설사 본다고 해도 강의 내용을 기억하지 못하니 소용이 없다. 사람은 글자로 보는 것보다 말로 들을 때 더 빨리 이해할 수 있는데 안타깝게도 일을 거꾸로 하는 셈이다.

요약이 필요한 이유

강의를 보면서 열심히 필기했는데 마치 남이 쓴 것처럼 새롭고, 책을 읽고 메모를 했는데도 언제 읽었느냐는 듯 책의 내용이 낯설게만 느껴진다면 대체 뭘 위해서 그렇게 열심히 기록한 걸까?

반대로 전혀 기록하지 않고 집중해서 듣기만 하는 사람도 있는데, 나는 차라리 이편이 낫다고 생각한다. 메모란 많은 양의 내용 중 핵심을 뽑아 적을 때 의미가 있다. 메모를 너무 많이 하려고 하면 주객이 전도되어 오히려 핵심을 놓칠 수 있기 때문이다.

일주일 동안 우리가 경험하는 것, 듣는 것, 감각하는 것을 개수로 세어 본다면 얼마나 될까? 얼마나 세세하게 나누느냐에 따라서 적게는 100~200개, 많게는 1만~2만 개에 달할 수도 있다. 이 많은 정보를 모두 잡아 두고 싶더라도 전부 기록할 수는 없는 일이다. 그래서 '요약'이 필요하다.

요약은 기억을 압축하고 새롭게 창조하는 일을 말한다. 예를 들어 어제 길을 가다가 나뭇잎이 바람에 살랑살랑 흔들리는 것을 보았다고 해 보자. 그 순간 나는 '나뭇잎이 말하고 있는 것' 같다고 느꼈다. 그 경험을 기록한다면 뭐라고 적을까?

'나뭇잎이 바람에 살랑살랑 흔들리는 것을 보고 마치 나뭇잎이 말하고 있는 것처럼 느꼈다'라고 적는 사람이 있을 것이다. 그런데 기록학자인 나라면 '나뭇잎의 말'이라고 기록해 놓을 것이다.

이 짧은 한마디에는 내가 나뭇잎을 본 순간의 느낌과 감정 등 공감각적 이미지가 모두 들어 있다. 그 경험을 최대한 짧은 말로 압축해 새롭게 창조한 것이다.

100개 중 중요한 10개를 골라내는 법

기록학이라는 학문 분야가 오랜 기간 터득한 기록의 핵심은 간단하다. 100개의 기록이 만들어졌으면 중요한 10개만 보관한다는 것이다. 기록 중에 제일 유용한 것을 골라서 그것을 활용하는 것인데 이것을 '평가appraising해서 선별selecting한다'고 말한다. 즉 해당 기록이 가치 있는 것인지 평가한 다음 어떤 기록을 지속적으로 활용할 것인지를 선택한다. 이는 기록학에서 가장 중요한 영역이기도 하다.

그래서 기록하는 사람은 100개의 기록 중에 가치 있는 10개를 골라내는 사람이라고 할 수 있다. 모래알처럼 수많은 요소

들 중에서 빛나는 보석을 발견하는 일. 이는 분야를 막론하고 인생을 통틀어 우리가 키워 나가야 할 중요한 능력이다.

이제부터는 강의를 듣거나 책을 보면서 공부할 때 평가와 선별의 과정을 거쳐 보라. 그리고 자신이 가장 잘 이해할 수 있는 키워드로 요약해서 기록하는 것이다. 이 키워드에는 앞서 말한 '나뭇잎의 말'처럼 그 단어 이상의 전체 기억과 맥락이 담겨 있다. 기록은 곧 요약이고, 기록한다는 것은 요약하는 행위를 반복하는 것이다.

기록형 인간은 경험 기억의 전체를 담는 동시에 그것의 대표격에 해당하는 단어 몇 개를 기록으로 남긴다. 이것들이 오랜 시간 누적되면 자기의 이야기와 글, 강의 그리고 사상이 된다.

나는 인터뷰를 할 일이 많은데, 간혹 나와 눈도 맞추지 않고 속기사처럼 기록하는 인터뷰어를 만날 때가 있다. 그러면 나는 '아, 이분은 내 얘기를 귀담아듣고 있지 않구나'라는 생각이 든다. 실제로 그런 인터뷰어는 내 얘기의 맥락을 따르기보다 맥을 끊어 가면서 자신이 준비해 온 질문만 하고는 돌아간다.

그렇게 작성된 기사를 보면 내 말의 의도를 파악하지 못했거나, 그저 내 말을 그대로 옮겨 적기만 한 경우가 많다. 그런 글을 읽는 독자는 인터뷰에서 아무 감흥도 느끼지 못하고 특별히 얻는 것도 없을 것이다.

반면 인터뷰를 하는데 아무것도 적지 않고 녹음도 하지 않은 채 내 눈을 똑바로 바라보며 듣는 기자도 있다. 오히려 내가 걱정이 되어서 녹음하지 않아도 되냐고 묻기도 했다. 그랬더니 그 기자는 일단 녹취를 풀려면 시간이 많이 걸리기도 하고, 자신만의 메모 방식이 있어서 괜찮다고 말하는 것이었다.

그의 방법은 이랬다. 상대방의 이야기를 들으며 나름대로 맥락을 잡아 키워드를 적어 두고 인터뷰가 끝나면 다시 요약된 기록을 한다. 그런 다음 그것을 가지고 제대로 된 기사를 쓴다는 것이다. 그 메모에는 인터뷰할 때의 분위기와 말하는 사람의 눈빛, 말투, 그 이야기를 듣는 자신의 경험 등이 총체적으로 녹아 있다. 물론 기사를 쓴 다음에는 상대의 의도가 그대로 담겼는지 확인하는 절차도 거친다.

이런 사람이야말로 기록의 의미를 정확하게 알고 있는 사람이다. 그냥 머리가 좋은 게 아니냐고 말할지 모르겠지만 전혀 그렇지 않다. 타인의 말을 들으며 그것을 자기화하고 핵심 키워드만 메모한 상태에서 이것을 재요약하는 방식으로 기록했기 때문에 인터뷰 당시의 기억을 생생하게 끄집어낼 수 있는 것이다.

단순히 기록하는 것 자체에는 아무런 의미가 없다. 자신에게 가치 있고 의미 있는 기록을 만들어 내는 게 진정한 기록의 출발이다. 이 정도는 연습만 하면 누구나 할 수 있다.

기록의 진정한 힘, 집중

기록을 남기고 싶은 이유는 대부분 '기억하기 위해서'일 것이다. 언젠가는 틀림없이 잊어버릴 거니까 기록이라도 남겨두면 나중에 책을 다시 찾아보지 않아도, 영상을 확인하지 않아도 내용을 상기할 수 있으리라 믿는다.

이처럼 우리는 기억의 대체 수단으로 기록을 생각하기 쉽다. 그런데 기록하는 일이 주는 직접적인 효용은 사실 기억이 아니라 '집중'이다. 기록하기 위해서는 내용에 집중할 수밖에 없기 때문이다. 기록해야 하므로 무엇이 핵심인지 무의식적으로 생각하고 맥락을 이해해 나가는 것이 기록의 숨겨진 능력이다. 이렇게 집중하고 이해했으니 기억하기 쉬운 건 당연한 결과다.

그래서 기록을 정말 잘하는 사람은 자기가 기록한 것을 꼭 다시 봐야 한다는 강박관념을 갖지 않는다. 기록하는 동안 많은 부분이 저절로 기억에 새겨지기 때문이다. (물론 앞서 말했지만 기록은 다시 봐야 하는 것이 맞다. 오해하지 마시라.) 반면 기록을 못하는 사람은 실컷 써 놓고도 나중에 다시 보면 무슨 내용인지 기억하지 못한다.

쓰기만 하는 사람으로 살 것인가, 기억하는 사람으로 살 것인가. 답은 요약과 집중에 있다는 사실을 명심하자.

02

핵심만 남기고
다 버려라

　가끔 사람들이 내게 묻는다. "교수님은 정말 하루의 모든 것을 기록하시나요?" 그러면 나는 이렇게 대답한다. "아니요, 저는 하루의 모든 것을 요약합니다."

　실제로 나는 노트에 무엇인가를 쓰는 시간보다 머릿속에서 요약하고 정리하는 시간을 훨씬 중요하게 여긴다. 생각을 하든, 책을 읽든, 대화를 하든 이 모든 것을 기록하기 위해서는 요약이 필요하기 때문이다. 무엇이든 기록하려면 '핵심이 뭐지?', '내게 도움이 되는 것이 뭐지?'에 답할 줄 알아야 한다.

　강의를 들으면서 키워드를 메모하는 과정을 한번 상상해 보자. 5분쯤 듣다가 노트북에 타이핑해 놓기도 하고 노트에 쓰기도 할 것이다. 5분 동안 강사가 말한 내용을 키워드 서너 개로 쓴다는 건 내용의 전체 맥락을 이해한 상태에서 그것을 대표하는 가장 중요한 키워드를 스스로 선택하는 과정이다. 이것은 아주 고강도의 요약이다.

요약이 익숙하지 않은 사람이라면 먼저 이렇게 시작해 보자. 무엇이 되었든 키워드 2개만 메모하는 것이다. 예를 들어 20분짜리 유튜브 영상 한 편을 봤다면 그 영상에서 키워드를 2개만 뽑는다. 두꺼운 책을 읽든 얇은 책을 읽든 마찬가지다.

키워드를 10개 이상 뽑으려고 하면 어려워도 단 2개라면 누구든 쉽게 할 수 있다. 실제로 적게 메모하라고 요청하면 실행력이 훨씬 더 커지는데, 핵심을 조금만 쓴다는 생각에 부담감이 훨씬 더 줄어들기 때문이다.

키워드를 2개 뽑겠다고 마음먹은 순간부터 당신은 '이것만은 잊어서는 안 된다'고 생각하는 것을 찾으려고 집중할 것이다. 핵심적인 기록을 찾아내면 나머지는 다 버려도 된다. 진짜 전부 버려도 되는지 망설여진다면 나는 버릴 수 있는 용기야말로 유능한 기록형 인간이 되는 조건이라고 말해 주고 싶다. 정말 가치 있는 기록을 뽑아내려면 버리는 것을 두려워해선 안 된다.

더도 말고 덜도 말고 3일만 실행해 보자. 시간을 아낄 수 있어서 좋고, 메모한 것이 내 몸에 생생하게 남아 있는 느낌이 들어 더 좋을 것이다. 이미 메모를 많이 해 온 사람이라도 습관을 바꿔 보길 바란다. 핵심만 찾아서 조금만 메모하라. 이것이 올바른 메모법을 실천하는 가장 쉽고 간단한 방법이다.

기록에 많은 시간을 쓰지 말 것

나는 책을 읽으며 늘 메모를 한다. 오랜 독서 습관 중 하나인데, 그동안 내가 작성한 독서 카드만 해도 책장 수 칸을 채울 양이다. 독서를 많이 하는 이들 중에는 나처럼 책을 읽으며 기록을 남기는 사람이 많다. 책 내용을 상세히 메모하는 사람도 꽤 있다.

하지만 자신이 제대로 하고 있는 건지 의심하거나 몇 권을 시도하다가 포기하는 사람이 더 많다. 분명 꼼꼼하게 읽은 것 같아서 좋았는데 그 이상으로 책을 잘 흡수해서 온전히 내 것이 되었다는 기분을 느낄 수 없기 때문이다. 왜일까? 안타깝게도 너무 많이 써 놨기 때문에 자신이 책 한 권에서 소화할 수 있는 용량을 초과한 것이다.

그런 사람들에게 나는 한 가지 기준을 정해 준다. 책에서 한 챕터를 요약할 때 A4 용지 기준으로 반쪽을 넘지 않게 하라는 것이다. 그렇게 서너 챕터를 읽고 요약하기를 반복하다 보면 내가 무엇을 읽었는지 큰 맥락이 명확하게 잡힌다. 나의 경우 책 한 권을 읽으면 A4 3장 이내로 메모한다.

좀 더 자세히 살펴보자. 여기 한 시간에 50쪽 정도를 읽을 수 있는 사람이 있다. 그는 50쪽짜리 챕터 6개로 구성된 300쪽짜리 책 한 권을 읽기 시작했다.

한 시간 동안 집중해서 한 챕터를 읽고 그 상태에서 생각나는 키워드를 중심으로 메모한다. 주로 큰 맥락과 관련된 키워드를 적되, 맥락과 상관없지만 인상 깊은 내용도 일부 써 둔다. 메모할 때 기억이 잘 안 나는 부분은 책을 뒤적거리며 슬쩍 보기도 한다.

이렇게 기억에 의존해서 A4 반쪽을 메모하는 데 10분이 걸린다고 하면 여러분은 최고의 독서가가 될 수 있다. 처음에는 메모에 시간이 제법 걸릴 수 있지만 서너 권만 반복해도 10분 내로 요약이 가능해질 것이다. 이렇게 하면 책 한 권을 읽는 데 6시간, 메모하는 데 1시간이 소요된다.

이 정도라면 책을 요약하면서 읽을 가치는 충분하다. 그런데 만약 50쪽짜리 한 챕터를 한 시간 동안 읽고 한 시간 이상을 들여 A4 몇 장에 걸쳐 쓴다면, 미안한 이야기지만 차라리 메모하지 않는 것이 좋다. 왜냐하면 이 행동은 책을 요약한 것이 아니라 베껴 적는 것에 불과하기 때문이다. 아무것도 기억에 남지 않는다면 굳이 기록할 필요가 없다.

강의도 마찬가지다. 30분짜리 강의를 듣고 5분이나 10분을 들여서 메모를 남긴다면 그건 충분히 의미가 있다. 기록을 잘하는 사람은 기록하는 데 많은 시간을 쓰지 않는다.

혹여 처음이라 시간이 오래 걸렸더라도 너무 좌절할 필요는 없다. 기록은 하다 보면 무조건 실력이 는다. (이게 내가 생각하는 기록의 가장 큰 장점이다. 기록에는 재능이 필요 없다!) 다만 이때도 자기 나름의 기준을 잡아야 한다. 앞서 말한 대로 책을 50쪽 읽는다면 메모를 얼마나 할지를 정하는 것이다. 이 지침만 잘 지켜도 당신의 요약 능력은 점점 향상될 것이다.

03

이해가 안 되는 건
내 것이 아니다

요약을 잘하는 사람이 되고 싶다면 '자기화'에 숙련될 수 있도록 연습하자. 앞서 말했던 것처럼 키워드 위주로 요약하는 기법은 자기화의 과정이기도 하다. 그대로 받아 적는 건 쉽지만 요약하려면 내가 먼저 내용의 맥락을 이해하고 소화해야 하기 때문이다. 이 과정에는 자기만의 해석이 들어갈 수밖에 없다.

사실 우리는 의식하지 않아도 요약과 자기화를 숨 쉬 듯 일상적으로 사용하고 있다. 생각을 하거나 대화를 할 때도 마찬가지다. 우리의 모든 생각과 행동은 자기화를 거친 것이기 때문에 자신만의 색깔이 묻기 마련이다. 상대방이 어떤 말을 해도 듣는 사람에 따라 얼마든지 다른 의도로 받아들일 수 있다. 말하는 사람의 의도가 어떻든 듣는 사람은 그것을 자기식으로 받아들이게 되는데, 이는 다른 사람의 말을 타인에게 전할 때 오해가 생기기 쉬운 까닭이기도 하다.

마찬가지로 무엇인가를 요약할 때도 자신의 색깔이 묻어나온다. 이 부분이 굉장히 중요한 지점인데, 누군가 전했던 말이 그대로 기억나지 않고 내가 이해하고 받아들인 내용만 기억나는 것처럼 자신의 색깔이 묻은 '내 것'은 절대 쉽게 잊히지 않는다. 자기식으로 요약하는 행위가 기억 작용을 활성화시켜 주기 때문이다.

달리 말하면 자기화되지 않은 지식이나 생각은 결코 오랜 기억으로 남지 않는다. 강의를 들으며 메모를 많이 했어도 그것을 자기식으로 이해하지 않으면 잘 기억나지 않는다는 뜻이다.

30분 정도 되는 강의를 보고 그중에 8개의 키워드를 적었다고 해 보자. 무의식중에 우리는 강의가 끝나고 2시간만 지나면 내용을 잊어버릴 거라고 생각한다. 생각을 바꿔라. 스스로 생각한 키워드를 적었다면 적어도 80퍼센트 이상은 기억이 날 것이다. 자신이 직접 선택한 것이기 때문이다.

자기화한 것만 이해할 수 있다

냉정하게 들릴지 모르겠지만 이해 못 하는 건 과감하게 버려야 한다. 기록도 내가 이해한 것이라야 나중에 써먹을 수 있다. 당신은 자신이 써 놓은 키워드를 보고 명확히 말로 설명할 수 있는가? 당장 확인해 보기 바란다.

리포트를 쓸 때도 마찬가지다. 아무리 자료 조사를 열심히 해도 책이나 논문에 있는 내용을 그대로 베껴 쓴다면 높은 점수를 받을 수 없다. 책이나 논문을 먼저 이해해야 하고 거기서 키워드들만 메모해야 한다. 그러면 키워드 사이의 빈 공간을 어떻게 채울지 머릿속에 그려지는데 그것을 자연스럽게 표출하는 게 자기화의 핵심이다.

대화를 할 때도 자기화를 할 수 있다. 어느 날 몇 사람이 함께 이런저런 이야기를 했다. 그중 한 사람이 정말 재미있는 이야기를 해서 '나도 다른 사람이랑 얘기할 때 써먹어야지'라고 생각했다. 그런데 이상하게도 시간이 지나 똑같은 이야기를 했는데 재미가 없었다.

분명 꽤 비슷하게 이야기했는데도 흥미가 떨어진다. 왜 그럴까? 바로 자기화 과정을 거치지 않았기 때문이다. 이때는 꼭 필요하다고 생각되는 요소 몇 개를 잘 기억해 뒀다가 나만의 방식으로 재구성해 이야기를 풀어내면 된다.

학문의 세계는 여러 사람의 자기화를 통해 성장한다. 다시 말해, 다른 사람들이 이야기한 것을 가져와서 거기에다가 내 생각을 10퍼센트쯤 얹는 게 학문의 방법이다. 책이 됐건, 리포트를 쓰기 위한 자료가 됐건, 다른 사람의 말이 됐건 키워드 위주로 소화하고 거기에 자기 이야기를 10퍼센트 얹는 것이 바로 자기화다. 어떤가? 생각보다 할 만하지 않은가.

일상을 살아가면서 얻게 되는 새로운 지식이나 깨달음 등을 놓치지 말고 키워드로 메모해 두자. 메모해 둔 것을 토대로 나의 이야기를 덧붙이자. 이 원칙을 기억하며 말과 글로 표현한다면 누구보다 빠르게 성장의 기쁨을 맛볼 수 있을 것이다.

04

책을 자기화하는
최고의 방법

나는 사람들에게 책을 읽은 뒤에 꼭 요약해서 독서 카드에 기록하라고 권하는데 이를 어려워하는 이가 많다. 감상문을 쓰는 것도 아니고 내용을 간단하게 요약하는 일인데 무엇이 그리 어려울까 싶은가? 하지만 처음에는 호기롭게 도전했던 사람들도 금세 풀이 죽어 요약 방법을 물어 오는 경우를 나는 많이 봤다.

책을 요약하는 게 어렵다면 그 이유는 단 하나다. 바로 내용을 잘 이해하지 못했기 때문이다. 읽을 때는 그렇게 어려운 느낌이 아니었는데 왜 이해하지 못한 걸까? 간단하다. 전체 내용을 하나하나 전부 이해해야 한다는 강박 때문이다.

이제부터는 그런 강박을 버리고 내가 관심 있고 궁금해하는 것에만 집중해 자기식으로 받아들여 보자. 책은 억지로 읽으려고 하면 이해하기가 더 어려워진다. 알고 싶은 욕구가 적어지기 때문이다. 그러니 내 관심사에 맞춰 자기식으로 읽어야 한다.

이쯤에서 당신은 다시 질문할 것이다. "자기식으로 읽는 건 어떻게 하는 건가요? 그냥 읽으면 되는 거 아닌가요?"

자, 주변에 있는 책 아무것이나 골라 이렇게 읽어 보자. 우선 차례를 확인한 뒤 중간중간 아무 데나 펼치고 읽는다. 10~20분 정도 손 가는 대로 쭉쭉 넘기면서 읽다 보면 이 책이 어떤 이야기를 다루고 있는지, 내가 관심 가는 건 무엇인지 대충이나마 눈에 들어온다.

그러면 그중에서 관심이 가는 장이나 절부터 읽기 시작한다. 임홍택 작가의 『90년생이 온다』를 예로 들면, 내가 이 책의 차례를 보고 가장 관심이 갔던 건 3부 3장의 '90년대생 마음 사로잡기'였다. 그래서 그 부분부터 읽어 나갔다. 그다음엔 90년대생이 어떤 사람들인지 궁금해졌다. 그래서 1부의 2장 '90년대생은 어떤 세대인가'를 읽었다.

이런 식으로 궁금증을 이어 나가면 책 한 권을 전부 읽는 게 크게 어렵지 않다. 내용을 문단별로 읽어 내려갈 때도 모든 것을 다 이해하고 기억하려고 해서는 안 된다. 눈에 들어오는 것, 내 마음에 와닿는 것 위주로 읽고 나머지는 건너뛰어도 괜찮다.

읽으면서 중요 키워드에는 동그라미 표시를 하고 꼭 기억할 필요가 있겠다 싶은 부분에는 밑줄을 그어 보자. 이때도 읽는 동시에 바로 표시하는 게 아니라 몇 쪽을 읽고 맥락을 파악한 뒤에 표시하는 것이 좋다.

그다음은 키워드 위주로 메모할 차례다. 메모는 노트에 해도 되고 책 여백을 활용해도 된다. 자기화를 통해 한번 거르고 내 지식으로 만들고 싶은 것만 메모하면 된다.

어떻게 요약할 것인가

책을 다 읽었다면 키워드를 요약해 독서 노트나 독서 카드에 기록해 보자. 『90년생이 온다』의 경우 3부 13장으로 구성되어 있는데 한 장당 키워드 10개 정도로 요약이 가능하다. 이때도 책을 보면서 베껴 쓰기보다 읽었던 내용을 떠올리며 기억에 남는 것 위주로 쓴다.

그런 다음 그 키워드들을 가지고 서사를 정리해 보라. 본래 책의 차례와는 다른 나만의 이야기로 재배열하고, 여기에 내 생각을 적극적으로 첨가하면 된다.

다음은 김주환 교수의 『회복탄력성』에서 한 챕터를 읽고 내가 노트에 메모한 것이다.

한 파트를 읽을 때마다 이렇게 노트에 핵심 내용을 메모했고, 책 전체를 다 읽고 난 뒤 나에게 필요한 내용이 뭔지 살펴보았다. 그리고 그것에 나의 생각을 더해 다음과 같이 정리했다.

『회복탄력성』(김주환, 2019) 요약

자기조절 능력을 키우는 법

- 자기조절 능력의 중요성: 하워드 가드너의 다중 지능 이론. 언어, 논리, 시각, 신체, 음악, 자연, 대인, 자기 이해 등 8개 지능. 자기 이해가 기반, 다른 기능 결합 및 성취 달성 가능.

- 감정조절력: 자기 감정과 타인에 의한 감정의 기복 등이 나를 괴롭힘. → 이성적 통제가 답일 듯하나, 작고 빈번한 기쁨이 중요. 긍정 감정(감정 조절 상태 유발)이 창의성을 포함한 실행 능력을 향상시킴. 이것이 반복되면 긍정 무의식(근육) 형성.

- 충동통제력: 충동적으로 움직이는 나, 충동적으로 아무것도 하지 않는 나. → 계획성이 답일 듯하나, 의외로 자율성(디시와 라이언 교수의 자기결정성)이 중요. 자신이 하고 싶은 것을 자율적으로, 자유롭게, 적극적으로 하는 명시적 경험 필요. 이때 일정한 성과를 얻는 경험이 반복되는 것이 중요함.

- 원인분석력: 분석적 행위를 하지 않고 대부분의 이벤트에 대해 부정적으로 생각하는 나. → 지적 분석 능력을 키우는 것이 답일 듯하나, 긍정적인 스토리텔링이 중요. 개연성, 영속성, 보편성(자기 원인, 지속 가능의 개념). 나쁜 일은 '자기 원인이 아니고 단속적', 좋은 일은 '자기 원인이고 지속적'이라고 생각하고 말하고 전망하는 습관 필요.

어떤가? 이제 이 책은 완벽하게 내 머릿속에 들어왔다. 이렇게 정리한 내용은 쉽게 잊히지 않을뿐더러 다른 책을 읽을 때 배경지식으로 활용할 수도 있다.

당신이 아직 이런 읽기에 익숙하지 않아서 시간이 너무 많이 걸린다면, 그런데 사정상 빨리 읽고 빨리 이해해야만 하는 상황이라면 읽지 않아도 될 부분은 빼고 읽어 나가는 것도 방법이다. 책을 처음부터 끝까지 다 읽어야 한다는 법은 없다. 이렇게만 해도 책 내용 중 여러분이 궁금했던 부분은 모두 기억할 수 있게 될 것이다. 그 책의 내용을 인용하거나 타인에게 설명하는 것도 가능해진다. 책을 읽고 얻은 지식이 온전히 내 것으로 체화되는 것이다.

이처럼 어떤 정보라도 나만의 논리로 구성하면 서사가 생긴다. 책에 담긴 지식을 자신의 서사로 만들어 가는 것이 내가 생각하는 진정한 독서의 과정이다.

핵심 키워드를 찾아낸다는 건 감각적 행위다. '이거 좋네.' 혹은 '이거 중요한 것 같은데.' 하는 것들을 감각적으로 선택해서 적기 때문인데, 이것들을 바탕으로 서사를 꾸려 갈 때는 이성적이고 논리적인 사고가 필요하다. 당신의 감각과 이성을 믿어라. 분명 멋진 서사가 완성될 것이다.

05

오독에 대한
두려움을 버려라

방법만 알면 책을 읽고 요약하는 건 생각보다 쉽다. 사람들이 요약하기를 힘들어하는 이유는 '내가 요약한 게 틀리면 어떡하나.' 하고 걱정하기 때문이다. 충분히 이해한다. 그러나 의심하면 요약의 수준은 절대 높아지지 않는다. 자신이 요약한 것에 애정을 갖고 확신하는 순간 요약하는 수준이 높아질 수 있다.

"그건 내가 중요하다고 생각하는 것이지, 저자가 중요하다고 생각하는 게 아닐 수도 있잖아요."

책을 오독할 수 있지 않느냐는 걱정이다. 오독에 대한 두려움을 버리고 자신감을 가져라. 물론 정확한 정보와 명백한 사실을 왜곡해서 받아들이라는 뜻이 아니다. 우리가 접하는 책이나 영화 등의 콘텐츠에는 해석의 자유가 있다.

자유로운 해석들이 결합해서 새로운 것을 생성하는 게 콘텐츠가 가지는 가장 중요한 가치다. 우리의 배움은 타인의 지식을 받아들이는 것으로 시작해 그것을 나만의 방식으로 해석하고 재구성했을 때 더 깊어진다.

헤르만 헤세의 『데미안』을 읽어 봤는가. 나는 이 소설을 총 네 번 읽었다. 맨 처음은 사춘기 즈음이었다. 주인공인 싱클레어가 자기 자신을 찾아가는 과정을 보며 느낀 감동은 아직도 생생하다. 두 번째는 시간이 지나 대학을 졸업할 때쯤이었는데, 내가 어떤 길을 가야 할지 아직 정하지 못해 방황하던 시절에 문득 이 소설이 생각나서 읽었다.

그 후 아이를 둘이나 낳고 40대 중반이 되어서 우울이 오기 시작할 무렵 다시 읽었다. 그때 이 책은 우울함에 침체하여 깊은 동굴 안에 갇힌 나를 돌아보게 했으며, 알을 깰 수 있는 용기를 주었다. 마지막으로는 62세 때 유튜브 채널에서 이 책을 다루기 위해 읽었다. 이때는 데미안, 에바 부인 같은 주인공의 조력자들에게 좀 더 감정을 이입하여 읽을 수 있었다. 같은 책이었지만 읽을 때마다 마치 다른 소설처럼 다가왔다. 수십 년에 걸쳐 만난 이 책을 나는 매번 다르게 받아들였다.

저자의 의도보다 중요한 것

책은 저자의 창작물이지만 그것을 어떻게 받아들이는지는 읽는 사람에게 달렸다. 이쯤에서 누군가는 "소설은 해석의 여지가 있어서 그런 게 아닙니까"라고 질문할 수도 있겠다. 그러나 소설뿐만이 아니다. 예를 들어 경제학에 대한 지식을 넓히기 위해 『장하준의 경제학 강의』를 읽는다고 생각해 보자.

이 책에서 읽은 모든 것이 나의 지식이 될 수 있을까? 아니다. 지금의 내가 저자와 교감할 수 있는 것만이 내 지식이 된다. 책을 읽고 이해할 수는 있지만 공감하거나 교감할 수 없는 내용도 있다. 장담하건대, 그런 것은 절대 내 것으로 남지 않는다. 여러 번 읽거나 기록해도 소용없다. 책이든 강의든 교감할 수 있는 것만 내 것으로 받아들일 수 있다.

그러므로 책을 읽을 때 저자의 의도는 크게 중요하지 않다. 오로지 자신이 교감한 만큼 자신의 언어로 요약하고 기록하는 일에 집중하자. 당신이 표상할 키워드가 원래 저자가 쓴 키워드가 아니어도 상관없다. 나한테는 익숙하지 않거나 와닿지 않는 단어 대신 내가 온전히 이해하고 교감할 수 있는 단어를 선택하라.

'그것은 저자가 의도한 것이 아니라 네 생각에 불과한 것 아니냐'고 한다면, 맞는 말이다. 나는 그것만이 온전한 자기 지식이라고 생각한다. 물론 이번에 교감하지 못했다고 해서 끝난 것은 아니니 안심하길 바란다. 다음에 다시 접했을 때 더 많은 것이 보일 수 있기 때문이다. 내가 10대에, 20대에, 40대에 그리고 60대에 읽었던 『데미안』이 모두 달랐던 것처럼 말이다. 그렇게 우리는 성장해 나간다.

외부로부터 들어오는 가치 있는 정보를 내 안에서 소화할 때 반드시 두 가지를 기억하자. 첫째, 많이 기록하지 말라. 둘째, 중심이 되는 내용을 찾아 자기화하는 데 집중하라.

자기화한 기록은 맥락 전체를 내 안으로 받아들여 표상할 키워드를 직접 선택한 나만의 멋진 결과물이다. 책을 읽으면서 능숙하게 요약할 수 있게 되면 독서의 능률이 올라간다. 책에 담긴 서사를 생생하게 떠올릴 수 있기 때문에 그 책은 내 머릿속에 언제고 존재할 것이다.

06

짜깁기와
요약의 결정적 차이

요약에는 정답이 없다. 같은 것을 듣고도 어떤 사람은 a라고 요약하고 어떤 사람은 b라고 요약한다. 여기서 요약 능력이 드러나는데, 사실 요약을 잘하든 못하든 일정 수준에 이르면 누구나 핵심을 뽑아내는 데 아주 능숙해진다. 심지어 자신의 전문 분야가 아니어도 핵심을 파악하는 능력이 생긴다. 요약 능력은 기록형 인간으로 성장하는 바로미터가 된다.

짜깁기와 요약은 한 끗 차이다. 짜깁기는 베껴 쓴 것을 그대로 편집하는 것이다. 반면 같은 내용이라도 키워드만 적어 자기식으로 편집하는 것이 요약 정리다. 대학에서 리포트를 쓰면서 짜깁기를 많이 해 봤다면 여러분은 이 미묘한 차이를 쉽게 이해할 수 있다. 여기서 한 부분, 저기서 한 부분을 가져와 짜깁기한 리포트는 절대 좋은 점수를 받을 수 없다. 이런 리포트를 과제로 제출하는 학생을 보면 정말 안타깝다.

리포트 작성의 핵심은 '내가 모은 자료를 잘 요약하고 조합하는 것'이다. 요약은 보물 상자다. 필요할 때 몇 개를 꺼내서 조합하면 엄청난 걸 뚝딱 만들어 낼 수 있다. 간략하게 말하자면 우선 논문이나 책을 읽고 머릿속에 남은 것을 각각 요약해 두자. 그렇게 정리한 자료를 논리에 맞게 구성하고 중간중간 자신의 의견이나 통찰을 넣어서 편집한다. 이게 단순한 짜깁기와 요약의 차이다.

요약하고 편집하면 생기는 일들

김정운 작가는 그의 책 『에디톨로지』에서 자신만의 콘텐츠를 만들고 싶다면 정보의 홍수 속에서 양질의 정보를 선택하고 그것을 바탕으로 새로운 지식을 생산할 줄 알아야 한다고 강조한다. 그는 인간의 주체적인 편집 행위를 에디톨로지 editology라고 명명하면서 편집을 통해 새로운 것을 창조할 수 있다고 말한다.

기록을 하는 행위 역시 우리의 경험과 기억, 지식과 정보를 선별해 새롭게 만드는 행위다. 창조적인 기록들은 이렇게 탄생한다. 요약한 것은 요약하지 않은 것보다 훨씬 더 강하게 잔상에 남는다. 잔상에 남는 것들을 순간적으로 편집하는 능력이 커지면 수준 높은 창조적 생각에 이를 수 있다.

엄청난 양의 기록을 남긴 레오나르도 다빈치 역시 요약과 메모광이었으며, 그의 작품들은 외부의 정보와 그가 떠올린 아이디어들을 요약하고 편집한 결과물이었다.

우리에게 익숙한 <모나리자>도 요약과 편집의 산물이다. 다빈치를 심층 분석한 마이클 겔브의 『레오나르도 다빈치처럼 생각하기』에 따르면 다빈치는 사람의 얼굴을 머리, 눈, 코, 입 등 영역별로 나눠 자료를 수집하고 관찰한 사항을 노트에 기록했다. 이를 통해 각 신체를 유형별로 분류한 뒤 다양한 조합을 토대로 모나리자라는 창조적 작품을 만들었다. 둥근 머리에 움푹 파인 눈, 약간의 매부리코, 꾹 다문 입의 미소를 에디톨로지했다는 이야기다.

에디톨로지를 성공적으로 활용한 예로 유시민 작가의 『거꾸로 읽는 세계사』라는 책을 들 수 있다. 유시민 작가는 이 책에 대해 '세계사와 관련해 내가 읽은 책을 요약하고 종합했다'고 설명한다. 그는 역사학을 전공한 적이 없다. 학부에서 경제학을 공부했고, 40대 후반에 독일에서도 경제학을 전공했을 뿐이다. 그런 그가 어떻게 30세도 안 된 젊은 나이에 세계사 교양서를 쓸 수 있었을까?

그 역시 대학 때부터 읽었던 수많은 책들이 지식의 원천이되어 자신만의 역사적 관점을 세울 수 있었던 것이다. 드레퓌스 사건에서 출발해 독일의 통일과 소련의 해체로 20세기를마무리하는 서사는 그가 그동안 쌓아온 지식들을 에디톨로지한 결과물이다. 각 역사적 사건에 대한 해석은 그가 많은 책과 지식을 자기화하는 과정에서 형성된 것들이었음에 틀림없다. 출간된 지 꽤 지났지만 이 책이 지금도 사랑받는 것을 보면 요약의 산물이 얼마나 의미 있는지 알 수 있다.

요약을 할 때는 나의 생각, 나의 언어를 사용해야 한다는 사실을 기억하자. 나는 유튜브 영상을 다 보고 난 후 3분에 걸쳐서 간단하게 요약한다. 책은 앞서 말했듯 적어도 한 챕터는 다읽고 요약한다. 요약을 끝낸 다음에는 정리 노트로 다시 간략하게 옮긴다. 요약해 놓은 노트를 가끔 훑어보면서 다시 한번연상해 보는 것도 잊지 말자. 이 원칙들을 꼭 지켜 여러분도에디톨로지의 경지에 도달할 수 있길 바란다.

생활의 모든 것을
요약하는 습관

무엇을 요약해야 할까? 바로 생활의 모든 것이다! 꼭 의미 있는 지식 활동만 요약할 수 있는 것은 아니다. 생각, 공부, 대화, 일상, 일 등 모든 것을 기록할 수 있듯이 내가 하는 모든 행동도 요약할 수 있다.

어떤 일이나 행동을 한다는 것은 체화된 지식을 행동으로 옮기는 것과 같다. 즉 내가 하는 일이나 행동 속에도 지식이 포함돼 있다는 의미다. 이것을 암묵지暗默知라고 하는데, 눈으로 볼 수 있는 어떤 지식이 아니라 암묵적으로 존재하는 '몸에 습관으로 붙어 있는 지식'이라는 뜻이다.

따라서 일과 행동을 요약한다는 것은 자기 몸에 붙어 있는 암묵지를 요약한다는 걸 의미한다. 이렇게 암묵지를 요약하여 외부적으로 표출한 것을 명시지明示知라고 부르는데, 말 그대로 눈으로 볼 수 있는 지식의 형태라는 뜻이다. 요약 습관을 들이는 것은 생활 곳곳에서 암묵지를 명시지로 바꾸는 일과 같다.

당신이 어떤 행동을 했거나 어떤 일을 끝냈다면 이렇게 해 보자. 우선 내가 한 행동을 순서대로 적는다. 그다음에 거기에서 의미 있는 점이 있었는지 생각해 보고 메모한다. 행동을 하며 느꼈던 감정도 좋고, 떠올랐던 생각도 좋다. 새로운 지식을 알게 되었다면 그걸 메모해도 된다. 이 과정을 거쳐야 암묵지가 명시지로 변환되는 것을 직접 경험할 수 있다.

처음에는 조깅 같은 하나의 작은 행동으로 시작해 보자. 나중에는 업무 프로젝트 같은 큰 규모의 일까지 요약할 수 있을 것이다. 만약 이런 '사건'을 선정하기가 어렵다면 '시간'을 요약하는 것도 아주 좋은 방법이다.

하루, 일주일, 한 달, 1년을 요약하라. 하루 동안 자신이 무엇을 했는지 정리해 보는 것이다. 이때 시간 순서대로 나열하는 것이 아니라 나에게 중요한 항목 순으로 정리해야 한다. 일주일을 요약할 때도 마찬가지다. '내가 일주일 동안 뭐 했지?' 생각해 보라. 한 달, 1년도 같은 방식으로 요약한다. 하루를 요약한다면 하루가 끝나는 저녁에, 일주일을 요약한다면 주말에, 한 달을 요약한다면 월말에, 1년을 요약한다면 연말이나 연초에 하면 된다.

"오늘 내가 뭘 했지?"	"일주일간 뭘 했지?"
1.	1.
2.	2.
3.	3.

"한 달 동안 뭘 했지?"	"지난 1년간 뭘 했지?"
1.	1.
2.	2.
3.	3.

이때 하루나 일주일은 단순히 중요한 일을 떠올리는 방식으로도 요약이 가능하다. 그러나 한 달, 일 년 단위는 무엇이 중요했는

지 쉽게 떠오르지 않을 수도 있다. 기간이 길고, 그 사이에 일어난 일이 많으니 과감하게 선택하기가 어렵기 때문이다. 이럴 때는 영역을 나눠 보면 중요한 것들이 툭툭 떠오르는 신기한 경험을 하게 될 것이다. 일, 관계, 공부와 성장, 가족, 휴식과 놀이 등으로 나눠 한 달 혹은 일 년간 중요했던 일들을 떠올리고 요약하기를 권한다.

삶을 요약해 보면 내가 무엇을 선호하는지, 어떤 것을 더 잘하는지, 어느 부분에서 성취감과 만족감을 느끼는지 확인할 수 있다. 이것은 나 자신을 깊이 알게 하는 중요한 자산이 된다. 하루, 일주일, 한 달, 1년을 살아가며 중요한 일을 어떻게 배치할지 더 잘 알 수 있기 때문이다.

물론 세상 모든 일이 그러하듯 하루아침에 되지는 않는다. 지식에 대해서, 일에 대해서, 나의 일상에 대해서 요약을 하겠다고 결심했는데도 자꾸 잊어버릴 수도 있다. 그러나 처음이 어려울 뿐 잘 안되더라도 계속 시도해 보길 바란다. 그렇게 3개월만 실천해 보면 요약하는 습관이 서서히 붙기 시작할 것이다.

4장

확장

"삶의 돌파구가 필요하다면
분류하라."

07

막막하다면
나눠 보라

나는 생각이 굉장히 많은 편이다. 무엇이든 세 가지로 정리해서 설명하는 나의 습관은 역설적이게도 머릿속에 담긴 수많은 생각을 정리하기 위해 한평생 익혀 왔던 기술이었다. 또한 이 많은 생각을 유용하게 사용하고 싶어 기록학이라는 길을 선택했다고 해도 과언이 아니다.

당신은 어떠한가? 일반적으로 우리 마음속에는 너무나 많은 것들이 뒤죽박죽 섞여 있어서 무엇이 나의 생각인지 알지 못하는 경우가 많다.

소설 『율리시스』로 유명한 아일랜드의 시인이자 소설가 제임스 조이스가 자신의 마음속을 있는 그대로 소설에서 묘사했듯이,* 우리의 마음속 생각들도 시간의 순서와 상관없이 서로 연관되지 않은 채 뒤엉킨 상태로 존재한다. 이 뒤엉킨 생각들의 존재가 우리 잠재성의 실체이기도 하다.

이렇게 산재되어 있는 잠재적 가치들을 어떻게 하면 잘 활용할 수 있을까? 답은 바로 '분류classification'에서 찾을 수 있다. 분류는 기록학에서 매우 중요한 영역인데, 분류하고 정리하는 것은 이 뒤죽박죽의 잠재성 가운데 특정 부분을 선택하여 삶에 활용하는 것을 뜻한다.

좀 더 쉬운 예로 생각해 보자. 테니스를 칠 때는 여러 가지 행동과 감정이 복합적으로 섞여 있다. 테니스를 다 치고 난 후 그 활동을 기록하려고 하면 행동이 자연스럽게 분류된다. 동작 하나하나를 떠올리며 다음에 더 잘 치려면 주의해야 할 포인트가 무엇인지를 기록할 수도 있고, 운동에 대한 감상을 적을 수도 있고, 팀플레이를 통해 얻은 인간관계에 대한 깨달음을 적을 수도 있다.

머릿속 생각과 마찬가지로 테니스 자체는 융합되고 통합된

---

* 이 소설은 1904년 6월 16일 아침부터 다음 날 새벽까지 하루 동안 일어난 일을 그려냈으며, 일반적인 소설 형식을 벗어나 의식의 흐름 기법과 내면의 독백 등을 활용해 서술했다.

것일지 몰라도 기록을 거치면 그 행위를 자연스럽게 분류하고 정리할 수 있는 것이다.

분류하면 생각의 방향을 알 수 있다

분류는 사고를 깊고 뾰족하게 만드는 데도 굉장히 유용하다. 다른 예를 들어 보자. "코로나19에 대해 어떻게 생각하세요?"라고 물으면 당신은 어떻게 답하겠는가? 너무 막연하게 느껴질 것이다. 이런 질문으로는 내 안의 것을 끌어내기가 쉽지 않다.

이때는 분류를 통해 질문을 바꿔 보자. 이를테면 "코로나19의 경제적 측면에 대해 어떻게 생각하세요?"라고 물으면 경제적 측면으로 범위가 한정되므로 대답하기가 좀 더 쉬워진다. 마찬가지로 코로나19에 대해 사회적 측면이나 의료적 측면으로 나누어 볼 수도 있다.

그래도 어렵다면 더 구체적으로 접근해 보자. '코로나19로 인해 근로자 겪게 되는 경제적 이득과 손실은?', '소상공인이 겪게 될 이득과 손실은?' 또는 '기업이 겪게 될 이득과 손실은?' 등으로 세분하는 것이다.

분류법을 활용하면 글쓰기도 훨씬 수월해진다. 이는 실제로 내가 글을 쓸 때 사용하는 방법이기도 하다. 경로를 만들어 놓고 글을 쓰는 것과 그냥 쓰는 것은 당연히 다르다. 글을 쓰기 위해서는 가장 먼저 얼개를 짜야 하는데 뒤죽박죽의 잠재적 생각들을 분류하고 정리하면 자연스럽게 얼개가 완성된다. 이 얼개가 앞으로 글을 써 나가는 데 내비게이션 같은 역할을 하게 된다.

자기소개서나 논술, 리포트 등 긴 글을 써 본 경험이 있다면 글을 쓰는 게 얼마나 힘든 일인지 알 것이다. 시작은 누구나 할 수 있지만 논리적 흐름을 유지하며 끝까지 쓴다는 건 고통의 연속이다. 글을 쓰다가 막히면 자괴감에 빠지기도 한다. 그래서 나는 메모 기록식 글쓰기를 권한다.

먼저 주제에 대해 자신의 생각을 꺼내고 분류하라. 이를테면 경제적, 사회적, 정치적으로 나누어 생각을 끄집어낼 수 있다. 여기에 그동안 기록해 두었던 것을 더한다. 책을 읽고 메모했던 것 중에 내 주장을 뒷받침할 내용이 있다면 추가하는 것이다.

실제로 나는 유튜브로 송출할 내용을 준비할 때 이 방법을 사용한다. 먼저 아이템을 생각하고 (글감을 메모할 때처럼 평소에 생각이 떠오르면 제목만 키워드로 적어 둔다. 주로 그중에서 아이템을 고른다.) 그것에 대해 여러 측면에서 생각을 정리한다.

코로나19 이후의 전망에 대한 영상을 준비할 때는 ① 정치적 측면, ② 정보사회적 측면, ③ 시민 참여적 측면의 세 가지를 먼저 메모했다. 이어서 유발 하라리가 《파이낸셜 타임스》에 기고한 <코로나 바이러스 이후의 세계The world after coronavirus>에서 밀착 감시under the skin, 비누 경찰soap police의 개념을 따와 추가로 메모한 뒤 최종적으로 송출할 원고를 완성했다. 비누로 손을 닦는 시민의 자발적 참여가 그 어떤 경찰 공권력보다 우수한 사회 운영 메커니즘을 배우는 계기가 되었다는 내용이었다.

이렇게 하면 글쓰기가 훨씬 수월해진다. 떠오른 아이디어를 메모하고, 그 메모를 재조합해서 세부 얼개를 만든 뒤 글을 쓰면 글쓰기는 고통이 아니라 나를 표출하는 하나의 예술이 될 수 있다.

이처럼 내 안에서 끄집어낸 것과 밖에서 들어온 것을 조합해 글을 쓰는 작업도 앞서 설명한 에디톨로지의 일환이다. 이는 비단 논문을 써야 하는 연구자나 책을 써야 하는 작가에게만 해당되는 일은 아니다. 회사의 보고서 작성은 물론 면접이나 구술시험, 상품 기획 등에도 활용될 수 있다.

예를 들어 새로운 상품을 기획한다면 우선 시장조사를 하며 필요한 정보를 기록할 것이다. 경쟁사의 상품을 보고, 소비자들의 니즈도 파악하는 등 여러 활동을 거쳐 보고서를 작성한다. 하지만 이것만으로는 부족하다. 이런 과정에서 떠오른 나의 생각이나 아이디어 혹은 통찰도 함께 기록해야 한다.

이 두 가지를 섞어야만 창조적인 기획이 탄생한다. 떠도는 지식이나 정보를 자신의 생각 없이 옮겨 쓰기만 하는 사람, 반대로 사무실에 가만히 앉아 '좋은 기획이 없을까?'라고 고민만 하는 사람에게는 영감이 찾아오지 않는다.

사람들은 창조적 기획을 굉장히 뛰어난 사람들만 할 수 있는 일이라고 착각하지만, 절대 그렇지 않다. 기획은 재능보다는 습관에 가깝다. 반복하다 보면 늘고, 반복해 봐야만 이해할 수 있다.

08

분류하면
고민의 답이 보인다

요즘 당신의 가장 큰 고민은 무엇인가? 당신은 고민이 있을 때 어떻게 하는가? 무조건 누군가에게 상담하는 사람도 있고 반대로 혼자 이불을 뒤집어쓰고 끙끙 앓는 사람도 있다. 솔직히 말하면 둘 다 효과적이진 않다. 가장 효과적인 방법은 단언컨대 '기록하는 것'이다.

아무리 기록의 효능이 좋다지만 고민의 답까지 어떻게 알려 줄 수 있냐고 묻는다면, 잠깐 머릿속을 이미지화해 보자. 우리 머릿속의 수많은 생각 조각은 '현재의 생각'이라는 커다란 판 위에 파편으로 존재한다. 살아오면서 경험했던 것들이 작은 조각들로 남아 있는 것이다.

삶에서 괴로운 문제에 부딪혔을 때 그 많은 조각을 잘 분류할 줄만 알아도 문제 해결의 실마리를 찾을 수 있다. 정말 간단한 방법이다. 우리에게 필요한 것은 그저 잠들어 있던 생각의 조각들을 활성화시키는 것이다. 명심하라. 고민에 대한 답은 이미 내 안에 있다.

다시 말하지만 고민의 내용을 분류해서 기록하는 것은 가장 쉽고 빠르게 고민의 답을 찾아가는 과정이다. 차분하게 생각할 수 있는 혼자만의 시간과 종이, 펜만 있으면 된다.

먼저 혼자 조용히 앉아 고민을 적어 보라. 나는 보통 세 가지 항목으로 나눠 써 본다. 첫째, 이 고민이 생긴 배경이 무엇인가. 둘째, 이 고민을 발생시킨 원인이 무엇인가. 직접적인 원인이 있을 수도 있고 간접적인 원인이 있을 수도 있다. 마지막으로 셋째, 이 고민을 어떤 방향으로 풀 것인가. 이 세 가지 항목을 '분류자'라고 한다.

이렇게 하면 내 가슴을 답답하게 하는 고민이 도대체 어떤 환경과 조건 때문에 생긴 것인지 객관적으로 파악할 수 있다. 고민의 직접적인 원인은 스스로 찾아내야 한다. 분류자를 쭉 적은 다음, 나의 감정 상태를 나열해 보고 마지막으로 해결 방향을 생각해 보는 것이다.

이제 당신은 메모를 통해 고민의 배경과 원인을 이성적으로 판단하게 되었다. 자신의 감정 상태도 한두 가지 적었다. 감정과 실체를 구분할 수 있게 된 것이다. 지금부터는 고민을 객관화시켜 논리적인 해결 방안을 찾아나갈 수 있다.

후회 없는 결정을 하는 법

무언가를 선택할 때도 마찬가지다. 우리 인생의 선택은 객관식이 아니라 주관식일 때가 많다. 인생을 뒤덮는 수많은 선택의 순간에 후회 없는 결정을 하기 위해서는 선택지를 객관식으로 만들어야 한다.

예를 들어 '오늘 점심 뭐 먹을까'라고 하면 주관식이지만 '① 한식 ② 중식 ③ 일식 ④ 양식'의 보기를 준다면 고르기가 훨씬 쉬워지지 않는가. 따라서 선택을 앞두고 있다면 스스로 선택지를 만들어 보라. 선택지를 나열해 보는 것만으로도 자신에게 맞는 결정을 찾는 데 도움이 된다.

선택지를 나열하다 보면 답은 이미 나와 있다는 것을 깨닫게 되기도 한다. 앞서 말했듯 우리는 마음 깊숙이 답을 품고 있다. 스스로 인식하지 못하더라도 무의식에는 언제나 답이 있다. 다만 현재를 살다가 매 순간 잊을 뿐이다. 선택지를 분류하면 당신이 진정 원하는 것을 잊지 않을 수 있을 뿐만 아니라 내 앞에 놓인 가능성들을 점검할 수 있다.

이런 방식이 너무 기계적인 것 아니냐고 오해하는 사람이 있을지 모르겠다. 일상생활의 모든 것을 분류하고 선택하는 게 언뜻 보면 프로세스에 따라 기계적으로 행동하는 것처럼 보일 수 있다. 흔히 말하듯 '내 마음이 시키는 대로', '느낌이 가는 대로' 선택해야 한다고 말할 수도 있다.

하지만 이것은 기계적 대응이 아니라 기록이라는 수단을 통해 자신의 내면을 불러내는 행위다. 이것이야말로 내 마음이 시키는 일을 찾아가는 과정임을 기억하자.

한곳에 메모하고
나누어 정리하라

지금까지 우리는 무엇을 어떻게 기록할 것인가에 대해 알아보았다. 그런데 이렇게 기록을 많이 해 두고도 한 번도 꺼내보지 않는 경우가 있다. 기록을 한다는 것은 장기 기억에 생각과 지식을 새겨 두는 행위다. 아무리 장기 기억에 저장했다고 하더라도 다시 꺼내 보지 않는다면 언젠가는 잊게 된다. 단기기억 쪽으로 자주 퍼 나르지 않으면 점차 흐릿해지고 결국 기록은 쓸모없는 것이 되고 만다.

이 역시 습관의 문제인데, 거친 메모로 남겨 둔 것을 잘 분류해 기록 노트에 주기적으로 정리하지 않는다면, 그리고 그것을 자주 꺼내서 읽어 보지 않는다면, 당신은 기록의 효능을 경험하지 못할 가능성이 크다.

나는 노트에 매일의 모든 것을 기록한다. 이 노트를 '만능 노트'라고 부르는데, 이 한 권에 하루의 엑기스를 담는다. 이런 얘기를 하면 다들 "하루 종일 노트 필기만 하고 사십니까?"라고 묻는다. 시간이 너무 많이 들지 않냐고 걱정하는 것이다. 너무 바빠서 기록할 시간이 없다고 말하는 사람도 있는데 다시 한번 말하지만 모든 행동을 일일이 기록하라는 뜻이 절대 아니다.

예컨대 나는 점심을 먹고 오후 일상을 시작하기 전에 잠시 짬을 내서 오늘 아침부터 무엇을 했는지 적는다. 기억에 의존해서 기록하는 것이다. 단순하게 키워드만 적으면 되고 시간이 부정확해도 괜찮다. 마찬가지로 하루 일과가 끝났을 때는 오후에 무엇을 했는지 기록한다. 하루에 A4 한 장 정도의 기록을 남기면 그것으로 충분하다.

이것이 습관이 되면 자투리 시간을 활용해서 기록에 소요되는 시간을 훨씬 줄일 수 있다. 또한 핵심 키워드만 쓰는 것에 익숙해진 사람이라면 하루 종일 기록한 총량이 많지 않을 것이다. 게다가 기록의 가장 큰 장점은 연습하면 누구나 실력을 키울 수 있는 점이라고 말하지 않았던가. 처음 기록해 보는 사람이라도 3개월만 연습하면 충분히 할 수 있다.

메모를 나누어 정리하기

메모가 뒤죽박죽되지 않을까 걱정인가? 물론 그렇게 될 것이다. 해결 방법은 아주 간단하다. 한 권의 만능 노트에 다양한 종류의 메모를 한꺼번에 해 놓고 시간이 있을 때 이를 종류별 노트로 나누어 다시 정리하는 것이다. 일반적으로는 지식 노트, 대화 노트, 생각 노트 등으로 나뉘는데 다른 항목의 노트가 필요하다면 자유롭게 만들면 된다.

메모를 다시 정리하라고 하면 베껴서 옮겨 쓰는 일로 착각하지만 메모를 옮겨 적는 과정에는 반드시 '생각'이 필요하다. 만능 노트에 경험한 것을 툭툭 적어 놓았다면 정리 노트에는 그 소재들을 종합synthesis해서 정리하라.

이 과정에서 정보가 지식의 수준으로 조합되기도 하고, 서로 다른 부분이 연결되면서 내용이 달라지기도 한다. 어떤 것은 기가 막힌 하나의 스토리가 되어 지혜의 수준으로 정리되기도 한다.

여기까지 잘 따라왔다면 '처음부터 나눠서 메모하면 되는 거 아닌가?'라고 생각하는 사람도 있을 것이다. 그러나 앞서 말했듯 우리의 행위는 '종합적'인 것이고 분류는 '인위적'인 것이다. 책을 읽더라도 일에 관련된 생각을 할 수 있고 일상과 관련된 영감을 얻을 수도 있다. 그때마다 이 노트를 꺼냈다가 저 노트를 꺼냈다가 하는 것은 여간 번거로운 일이 아니다. 무엇이든 자연스럽게 몸에 붙지 않으면 습관이 되기 어렵다. 어떤 행동을 하다가 '아, 이건 일 관련이지.' 하고 일 노트를 황급히 꺼내야 한다면 얼마나 부자연스러운가.

노트 정리는 언제 하는 게 좋을까? 기본적으로는 수시로 하는 걸 원칙으로 한다. 나는 다이어리에 날림으로 써 둔 것을 다시 정리할 때는 정자체로 쓴다. 우리가 하루에 하는 일은 생각보다 굉장히 다양해서 뒤죽박죽 썼던 것을 별도의 노트에 정성껏 정리함으로써 중요한 내용을 다시 한번 기억할 수 있게 된다.

정말 시간이 없어 정리하지 못하는 날도 있을 것이다. 그래서 나는 매주 토요일 저녁 5시를 기록 시간으로 정해 놓았다. 일주일 치 기록을 보다 보면 풍요로운 지식을 되새길 수 있고 가끔 영감이 툭 튀어나오기도 한다. 기록이 생각의 재료가 되는 것이다.

이 기록의 시간이야말로 아무에게도 방해받지 않을 수 있는 나만의 시간이다. 일주일간의 기록을 뒤적이며 빙긋빙긋 웃다가 토요일 저녁 식사를 하면 그렇게 행복할 수가 없다.

우리가 기록하는 이유는 과거의 생각을 현재로 불러오기

위해서다. 현재화된 상태에서는 메모를 옮겨 적는 데도 시간이 많이 걸리지 않는다. 기록이 마치 내 머릿속에 있는 것들의 표식처럼 느껴지기 때문이다. 이처럼 생각이 현재화되면 어지간한 문제에 대해서는 자신만의 해석과 방법이 저절로 떠오르게 될 것이다.

10

쌓인 기록을
정리하고 되살리는 방법

'책을 읽으며 내용을 요약하고, 강의를 들으며 열심히 필기한다. 새로운 발상이 떠오를 때 메모하기를 게을리 하지 않는다. 만남과 대화를 기록으로 남기며 깨달음을 중시한다.'

여기까지 왔다면 이미 기록형 인간이 되었다고 해도 무방하다. 기록도 점점 쌓여가고 있다. 그럼 한 단계 더 나아가자.

"이 많은 양의 기록을 어떻게 해야 할까?"

기록을 정리하고 재활용하는 핵심 원리는 요약의 연장선에 있다. '핵심 키워드만으로 내용을 간단하게 요약한다'는 메모의 기본 속성을 여기에도 적용하는 것이다. 즉 메모들 중 더 중요하다고 생각되는 것들만 재차 요약하면 된다.

우선 오늘 내가 무엇을 메모했는지 살펴보자. 오전에는 일을 하면서 떠오른 아이디어와 보고서에 쓸 내용의 얼개를 메모했다. 오후에 찾아온 고객과의 미팅 내용도 기록으로 남겼다. 잠시 쉬면서 읽은 시에 대해 감상도 몇 자 적었다. 집에 가서는 한 시간 반 동안 독서를 했고 그 내용을 요약해 보았다. 이렇게 해서 하루 동안 노트 4~5쪽이 되는 기록이 남았다.

이 기록들을 정리하려고 할 때 제일 먼저 무엇을 해야 할까? 당연히 기록한 것을 다시 읽어 보며 생각해야 한다. 아쉽게도 대부분은 이를 지나쳐 버린다. 이 과정을 즐길 줄 알아야 진정한 기록형 인간이라고 할 수 있다. 나는 메모하는 것도 좋아하지만 그간의 메모에 애정을 가지고 다시 보고 만지고 떠올리는 걸 더 좋아한다. 이렇게 하면 메모한 것 중에 가장 중요한 것이 무엇인지 자연스럽게 떠오른다. 그걸 재차 기록으로 남긴다면 기록의 양은 대폭 줄어들게 된다. 더구나 그 과정에서 더 많은 내용들이 기억 속에 각인되기도 한다.

다시 읽어야 기록이 완성된다

기록 습관은 쓰는 것(메모)과 읽는 것(되뇌임)이 함께 이루어질 때 완성된다. 당신은 기록해 둔 노트를 주로 언제 다시 읽는가? 나는 식사 전에 들춰 보는 편인데 점심 식사 전에는 오전을, 저녁 식사 전에는 오후를 되뇌기 위해 메모를 뒤적거린다. 그러면 내가 하루 종일 메모한 것 중에 지식과 지혜로서 의미 있는 것들이 머릿속에서 걸러진다.

그리고 하루에 한 번, 이렇게 떠오른 지식들을 종류별 노트에 기록해 둔다. 책이나 강의를 들으며 알게 된 것들은 지식 기록 노트에, 대화 중 깨달음을 준 내용은 대화 기록 노트에, 또 일과 관련된 노하우는 일 기록 노트에 적는다. 출처별로 기록 노트를 만들어 두고 중요하다고 판단되는 것들은 따로 모은다. 이렇게 적으면 하루에 두세 개의 정말 도움이 되는 기록을 얻을 수 있다.

일주일 단위로 메모를 다시 요약하는 작업도 정말 중요하다. 앞서 말한 대로 나는 매주 토요일 5시부터 기록 시간을 갖는다. 정말 오래된 습관이어서 이 시간이 되면 가족들조차 나에게 말을 걸지 않는다. 오롯이 나만의 시간을 즐길 수 있는 환경이 마련되는 것이다. 이때 나는 책상에 앉아 일주일 동안의 메모를 읽는다. 무엇인가를 외우거나 기억하려고 보는 것이 아니라 지난 일주일을 회상하는 느낌으로 편안하게 살펴본다. 마치 영화를 보는 것과 같다. 내가 읽었던 글들, 새로웠던 아이디어들, 만났던 사람들, 일을 하며 느꼈던 감정들을 떠올린다. 당시에 미처 정리하지 못했다고 생각되는 것들은 분야별 기록 노트에 요약해서 적어 둔다.

이와 같이 매일 그리고 주간 단위로 메모한 것을 읽고 되뇌며 다시 요약하는 것이 메모와 기록 정리의 기본이다. 이것이 습관이 되면 특별히 기록을 분류하지 않아도 무엇이 어디에 있는지 몇 년이 지난 다음에도 어렴풋하게 기억이 난다.

분류에는 정답이 없다

누군가는 도저히 못하겠다고 손사래를 칠지도 모르겠다. 정리도 분류도 억지로 힘들게 하지 않는 것이 가장 중요하다. 분류 방법도 너무 거창하게 생각하지 않길 바란다. 책이나 노트를 분류하라고 하면 도서관에서 쓰는 주제 분류 방식을 열심히 연구하는 사람들이 있다. 유용할 수는 있지만 이런 기계적인 방식을 개인이 적용하려다 보면 패착을 경험하기 일쑤다.

도서관 분류는 인간의 지식 전체를 대상으로 한 것이기 때문에 우리가 일상에서 접하는 지식과 전혀 다르다. 우리는 개인의 관심 영역, 직업 등과 관련된 협소한 분야에서만 일상을 보내기 때문에 기록도 삶과 연관된 한정된 주제에 집중될 수밖에 없다. 결국 공부, 대화, 생각, 일상, 일 등과 같이 크게 출처 분류를 한 상태에서 내가 자주 접하는 주제에 따라 하위분류를 하는 것이 가장 좋다.

요약과 분류는 내가 남긴 기록을 보고 빙긋이 웃는, 즉 즐거움을 동반하지 않는 이상 그저 형식일 뿐이다. 기록에서는 태도가 정말 중요하다. 기록을 좋아하지 않으면 아무리 기록해도 현재의 기억으로 되살아나지 않는다. 기록을 사랑하지 않으면 다시 읽어 보지 않게 된다. 요즘 다꾸(다이어리 꾸미기)를 취미로 가진 사람도 많은데 기록 노트도 취미처럼 애정을 붙이기 바란다. 기록은 하는 것도 중요하지만 자주 보고 사랑하는 것이 더 중요하다.

자신의 기록에 애정을 가지면 그 기록은 언제고 다시 살아날 준비를 마친 상태가 된다. 기록은 과거를 담고 있지만 현재화될 때 그 가치가 더욱 빛난다. 기록의 방법보다 중요한 건 그 기록들이 현재화된 상태로 살아 숨 쉬게 하는 일임을 잊지 말자.

기록을 즐겁게
만드는 도구들

기록을 권하다 보면 어떤 수첩에 적어야 하는지, 스마트폰 앱을 사용하면 안 되는지 등을 물어 오는 사람이 많다. 결론부터 말하자면 어떤 도구를 사용해도 상관없다. 중요한 건 기록을 즐겁게 만드는 데 도움이 되어야 한다는 것이다. 기록을 습관으로 만들고 싶다면 기록이 즐거워야 한다.

개인적으로 나는 종이 노트를 선호한다. 여행을 가도 가까이에 문방구가 있으면 꼭 들러서 수첩을 사곤 한다. 그리고 사각사각 쓰는 느낌이 좋은 만년필을 사용한다. 가방에는 언제나 색연필 세 자루와 만년필 두 자루 그리고 샤프 한 자루가 있다. 색연필은 주황, 초록, 노랑을 주로 쓴다. 만년필은 하나는 굵은 펜, 하나는

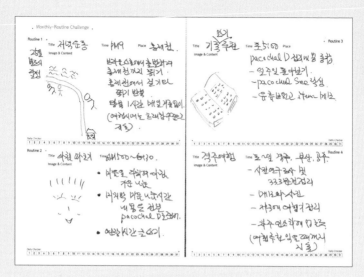

매월 실천할 루틴을 설계할 때는 그림을 곁들이곤 한다.

얇은 펜이다. 굵은 펜은 키워드만을 빨리 쓸 때 사용하고 얇은 펜은 자세히 정성스럽게 쓸 때 사용한다. 색연필은 색 표시가 필요할 때 사용한다. 메모한 내용에다가 색연필로 예쁘게 꾸미는 것이 나의 작은 취미다. 샤프는 독서를 하면서 책에 표시하거나 여백에 메모를 할 때 쓴다.

만년필을 손에 쥐는 느낌이라든가, 만년필로 종이에 글씨를 쓸 때 들리는 소리와 촉감이 나에게 기쁨을 준다. 그래서 더 기록하고 싶어진다. 책을 읽기 싫어도 메모하고 싶어서 책을 읽는다.

나는 책에 직접 메모하는 것도 좋아하지만 장이나 절별로 내용을 끊어서 핵심 키워드를 노트에 적고 색연필로 예쁘게 정리할 때 더 큰 즐거움을 느낀다. 그러다 보면 저절로 독서를 사랑하는 사람이 된다.

요즘 많은 사람이 일상을 기록으로 남기기 위해 사진이나 영상을 활용한다. 나도 너무 바빠서 노트에 기록하지 못할 때는 SNS에 올린 글을 출력해서 일기에 붙이기도 한다. 매체가 무엇인지는 중요하지 않다. 영상도 기록 역할을 충분히 할 수 있다. 나처럼 아날로그 방식이 좋으면 그렇게 해도 되고, 디지털 방식이 좋으면 스마트폰이나 노트북을 이용하면 된다.

여러분도 행복하고 즐겁게 기록하는 자기만의 방법을 찾아보길 바란다.

3부

거인의 다섯 가지 기록법

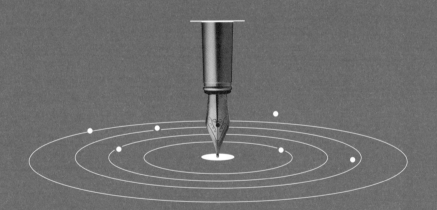

기록하라, 반복하라, 지속하라

　나는 간절히 성장을 꿈꾸는 사람들에게 공부, 대화, 생각, 일상, 일의 다섯 영역에서 '기록, 반복, 지속'의 3단계를 실천하라고 말한다. 다섯 영역 안에서 무엇을 어떻게 기록하고 활용하느냐에 따라 성장에 가속이 붙을 수도, 그 자리에 멈춰 설수도 있다.

1단계 지식, 마인드, 역량을 키우는 '기록하기'

　공부, 대화, 생각을 기록하면 이는 '지식'이 된다. 책이나 강의를 통해 알게 된 것이나 사람들과 나눈 대화를 기록하면 밖에서 내 안으로 지식을 끌어올 수 있다. 또 경험에서 얻은 통찰이나 지혜, 내면에 잠들어 있는 생각을 기록하면 내 안에 내재된 지식을 밖으로 끌어낼 수도 있다.

　일상을 기록하면 삶을 살아가는 태도와 마음가짐이 달라진다. 감정을 다스리고 나 자신을 객관적으로 바라볼 수 있다. 또한 일상에서 부딪히는 크고 작은 문제에 대해 현명한 선택을 내려 내 삶의 주인으로 바로설 수 있게 된다.

일을 할 때도 기록을 활용하면 효율적이고 전략적으로 행동할 수 있다. 역량을 최대한 발휘하고 성과를 높이는 핵심적인 방법은 정리하고 요약하는 것이기 때문이다.

2단계 기록의 질을 높이는 '반복하기'

계속 강조하지만 기록은 한 번 하는 데서 그쳐서는 안 된다. 기록한 노트 자체에는 큰 의미가 없다. 여기서 반복하기란 단순히 기록을 되풀이하라는 의미가 아니라 자기화와 분류를 통해 기록을 정제하고 업그레이드해야 한다는 뜻이다. 기록이 원석을 발견하고 선별하는 과정이라면 반복은 기술을 숙련시켜 보석으로 가공하는 과정이다.

3단계 성장을 습관으로 만드는 '지속하기'

기록이 생활화되어야 인생을 바꿀 수 있다. 중간에 포기하지 않고 꾸준히 실행하기 위해서는 어제보다 오늘 더 낫고, 오늘보다 내일이 더 나으리라는 향상심이 필요하다. 목표를 높이 잡고 자신을 몰아붙이기보다 하루, 일주일, 한 달 단위로

차근차근 실행해 나가는 것이 훨씬 효과적이다. 작은 목표에 몰두하다 보면 어느새 끝없이 성장해 나가는 자신을 발견할 것이다.

성장의 원리는 간단하다. 구체적인 방법만 알면 누구나 성장 사이클에 올라탈 수 있다. 3부에서는 공부, 대화, 생각, 일상, 일을 기록하는 방법에 대해 설명할 것이다. 지금부터 성장형 인간으로 첫걸음을 떼는 방법을 하나씩 살펴보자.

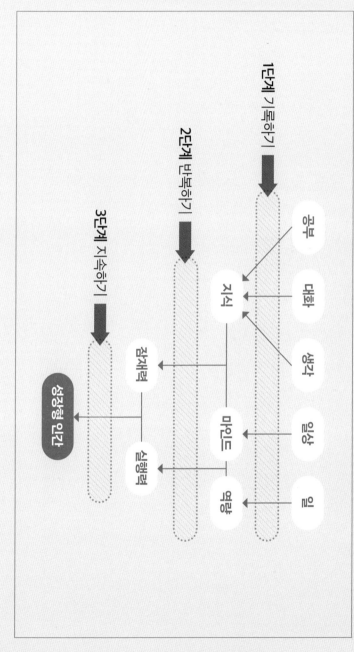

3단계 성장 기록법

1단계 기록하기

공부　대화　생각

지식

2단계 반복하기

음악　일

마인드

감정력　실행력

3단계 지속하기

성장형 인간

5장

공부

"세상의 지식을
내 것으로 만들어라."

정보에서 지식으로,
지식에서 지혜로

우리는 언제나 정보가 많은 사람보다는 지식과 지혜가 많은 사람이 되고 싶어 한다. 나 또한 지식과 지혜를 끊임없이 좇는 삶을 살아왔다. 지식을 쌓기 위해서는 먼저 지식이 무엇인지 알아야 한다. 그래야 정보를 지식으로 만들 수 있고, 지식을 꾸준히 쌓아 지혜의 길로 나아갈 수 있지 않겠는가.

먼저 질문을 던지고 싶다. "지혜와 지식과 정보는 어떻게 다른가?" 아니, 그 전에 이 세 가지는 다른 것인가?* 사실 지혜와 지식과 정보는 다르지 않다. 동일한 것의 다른 차원이라고 볼 수 있는데, 다시 말해 본질은 같지만 나타나는 상이 다르다. 예를 들어 '기록의 종류에는 다섯 가지가 있다'는 것은 단순한 정보다. 그런데 이 정보에 '다섯 가지의 기록을 꾸준히 하면 풍부한 지식을 얻을 수 있다'는 스토리가 붙으면 지식이 된다.

좀 더 단순하게 접근해 보자. 자, 여기 커피와 과자가 있다. 커피와 과자가 내 앞에 놓여 있다는 건 정보다. 그것이 내 머릿속에 들어와서 '과자를 먹으면서 커피를 마시면 더욱 맛있겠지'라는 스토리가 붙었다. 이제 커피와 과자를 함께 먹으면 맛있다는 것은 지식이 되었다.

여기서 스토리란 일종의 '연결'이고, 연결에는 다양한 종류가 있다. 정보와 정보를 연결할 수도 있고, 정보를 또 다른 지식 혹은 지혜와 연결할 수도 있다. 연결되지 않았다면 아직은 그저 정보로서 우리에게 누적돼 있을 뿐이다. 정보가 지식이 되면 내 안에서 살아 숨 쉬게 된다.

다시 말해 정보는 '나'를 거쳐야 지식이 된다. 칸트는 우리가 인식하지 못하더라도 독립적으로 존재하는 대상이나 사건을 '사물 그 자체'라는 뜻으로 물자체物自體라고 불렀다. 쉽게

---

* 보통은 데이터, 정보, 지식, 지혜의 네 가지로 나누지만 우리를 둘러싼 일상에서는 단순 수치인 데이터 자체보다 정보 형태의 것(책, 뉴스, 영상 등 유의미하게 가공된 데이터 등)을 더 많이 접할 수 있기에 이 책에서는 정보에서부터 출발해 보자.

생각하면 우리 안에 있는 잠재성과 물자체가 일치하거나 유사할 때 우리는 그 사물을 인식할 수 있다. 인간은 자신이 수용할 수 있고 직관할 수 있는 것만을 받아들인다. 인간의 지식은 자신의 기준에 따라 구성되는 것이다. 이것이 칸트의 인식론의 출발이다. 정보 상태로 있던 것이 어떤 필요 등에 의해 연결되는 순간 우리에게 지식으로 와닿는다.

쌓인 지식을 지혜로 연결하는 법

그럼 지혜는 뭘까? 내가 커피를 마시러 가려고 한다. 그런데 과자를 사서 꼭 같이 먹어야겠다고 생각한다. 미리 '무엇을 하고 싶고 무엇을 할지'를 생각하는 것이 지혜의 제일 단순한 형태다. 자기가 가진 지식 몇 가지를 결합해서 자신의 의지적 행위를 결정하는 것이다.

보통 '노하우'라고 말하는데, 어떤 일을 할 때 이미 자신이 가진 지식을 조합해서 '이 일은 이런 방식을 사용하면 굉장히 효과적으로 잘 풀 수 있어'라는 자신만의 방법으로 정리하는 것, 그것이 바로 지혜다.

지혜에 대해 이야기할 때 우리는 깨달음이라는 표현을 많이 쓴다. 무언가를 깨달아서 지혜를 얻었다고 말하는 것이다. 그러나 깨달음은 수동적인 개념이고 지혜는 훨씬 더 능동적인 개념이다. 깨달음은 어떤 경험이나 누군가의 말 등에 의해 알게 되는 것이지만 지혜는 내가 그동안 쌓은 정보나 지식을 연결해서 얻는 것이기 때문이다.

이처럼 정보와 지식과 지혜는 근본적인 구성은 똑같지만 표현되는 방식이 다르다. 예를 들어 우리가 대화를 하면 그 속에는 정보가 존재하고 대화하는 사이에 지식이 양산되기도 한다. 기록은 정보보다는 지식을 정리하는 행위에 가깝다.

더 나아가 지식을 지혜로 만들기 위해서는 단순히 생각하고 기록하는 것을 넘어 반복하고 지속해야 한다. 지식이 많은 것과 지혜를 발휘하는 일은 다르기 때문이다. 생각과 기록을 통해 기억을 끌어내 현재 상황에 비추어서 편집해야 비로소 지혜가 된다.

이제 당신이 시작할 일은 기록이라는 수단을 통해 정보를 지식으로 정리하는 것이다. 이 정보는 외부에서 올 수도 있고 내면에서 끌어낼 수도 있다. 그리고 그렇게 정리된 지식을 당신 안에 차곡차곡 쌓아라. 지식이 충분히 쌓이는 순간 지혜로 한 걸음 더 다가가게 될 것이다.

02

책을 읽고
키워드로 기록하라

이제 우리는 기록을 통해 정보를 지식으로, 지식을 지혜로 만들 수 있다는 것을 알았다. 처음부터 지식과 지혜를 메모하는 것은 어렵다. 우리가 메모하기로 마음먹은 것들은 대체로 단편적인 정보일 테지만 기록 방법에 따라 정보의 수준에서 지식의 수준으로 그리고 지혜의 수준으로 발전할 수 있다.

그렇다면 구체적으로 무엇을 어떻게 기록해야 할까? 간단하다. 공부를 기록해야 한다. '공부 기록'이라고 하면 어려워 보이지만 사실 우리는 이미 이것을 경험해 보았다. 학창 시절에 필기를 하고, 강의를 들으며 메모하고, 책을 읽고 나서 독서 노트를 써 봤다면 당신은 공부를 기록한 것이다.

지식을 가장 쉽게 얻을 수 있는 방법이 책이기 때문에 나는 공부 기록을 '책 기록'이라고 부르기도 한다. 대부분 책을 빨리 읽고 쉽게 이해하며 잘 기억하길 바란다. 대학에 복학하기 전 3개월 동안 하루에 18시간씩 공부하기도 했고, 60세가 넘은 지금도 매년 수십 권씩 책을 읽어 내는 내 경험상 빨리 읽고 잘 기억하는 가장 쉬운 방법은 책에 표시하며 읽는 것이다.

나는 책을 읽을 때 키워드에 동그라미를 치거나 서너 단어에 밑줄을 긋는다. 책 모서리에 핵심 키워드를 적어 두기도 한다. 그렇지만 꼭 자를 대고 반듯하게 줄을 치거나 색색의 펜으로 예쁘고 완벽하게 메모할 필요는 없다.

기록을 잘한다는 건 예쁘고 보기 좋게 하는 걸 의미하지 않는다. 나만 알아볼 수 있으면 그만이다. "내가 한 메모인데 나중에 보면 무슨 말인지 모르겠어요"라고 말하는 사람은 생각하면서 메모하지 않았기 때문이다. 스스로 생각하고 자기화하면서 메모했다면 아무리 엉망으로 써 놓아도 알아볼 수 있다.

그러므로 책을 읽을 때도 낙서하듯 메모하기를 권한다. 이때 연필을 사용하는 게 좋다. 밑줄, 동그라미, 체크 표시 등을 할 수 있고 필요하다면 여백에 떠오르는 생각을 적을 수도 있다. 여백이 모자랄 때는 포스트잇을 붙이면 된다. 포스트잇이 잔뜩 붙은 책이 늘어 갈 때마다 성취감과 기쁨을 느낄 수 있다.

책을 다 읽은 후에는

책을 다 읽은 뒤에는 목차를 다시 보면서 이 책의 내용이 무엇이고 어떤 흐름이었는지 기억을 더듬어 보자. 혹은 책을 읽으며 붙였던 포스트잇을 앞에서부터 다시 훑어보는 것도 좋다. 책을 읽을 때는 나의 관점과 관심, 논리 구조대로 봤다면 이때는 저자의 논리 구조를 훑는 것이다. 물론 생각을 하나로 연결해 가는 데 집중하면서 말이다.

나는 여기에 한 가지 작업을 덧붙이는데, 이건 참고만 해도 무방하다. 아무래도 공부하고 글 쓰고 강의하는 것이 내 일이다 보니, 읽은 책을 기억하고 있다가 적절하게 활용하는 것이 아주 중요하다. 그래서 나중에 써먹을 만한 내용은 노트나 컴퓨터에 키워드 위주로 다시 기록한다. 생각나는 것만 적고 필요하다면 순서를 정리해서 번호를 매긴다. 이렇게 한 다음 나중에 알아보기 쉽게 키워드에 설명을 붙여 놓는다. 그래프나 그림 등은 사진을 찍어도 된다. 이렇게 해 두면 추후 논문을 쓰거나 강의를 할 때 아주 유용한 자료로 쓸 수 있다.

이쯤에서 당신은 한 가지가 궁금할 것이다. "책에서 무엇을 기록해야 할까요?" 만약 소설을 읽는다면 등장인물이나 사건, 소설의 배경과 메시지 등을 쓸 수 있다. 여기에 더해 좋은 표현이나 문장까지 기록하고 싶어질 수도 있다.

그런데 책을 읽을 때마다 이렇게 항목을 체계적으로 나누어 기록할 수 있을까? 안타깝게도 우리의 생각은 이처럼 깔끔하게 분류된 상태로 흘러가지 않는다. 책을 다 읽고 머릿속에 전체를 떠올린 다음에야 등장인물, 배경, 사건 등으로 분류할 수 있다. 그리고 이 책에서 무엇이 중요한 메시지인지도 이때쯤에야 파악할 수 있다.

이제 책을 읽을 때 기록을 어떻게 할 것인가에 대한 답이 나올 것이다. 나의 경우에는 한 챕터를 쭉 읽으면서 중요해 보이는 내용에 미리 표시해 둔다. 한 챕터를 모두 읽은 다음에 머릿속에서 핵심을 정리하고 메모를 한다. 읽었던 것을 머릿속에서 정리하다가 생각이 안 나면 표시한 부분을 훑기도 한다. 생각 정리가 끝나야 그때 메모하는 것이다.

메모를 하다가 인상적인 대목이 있었다면 그 부분을 다시 읽어 보기도 한다. 이런 방식으로 독서하면 시간이 오래 걸릴까 봐 걱정되는가? 한 챕터가 30~50쪽이라면 핵심 내용을 떠올리고 기록하는 데 10분이면 충분하다.

책을 읽으면서 자꾸 메모를 하려고 하면 글의 맥락이 끊기기 때문에 책의 흐름을 따라가기보다 쓰는 데 정신이 팔리기 쉽다. 시간만 많이 걸리고 읽은 것이 기억나지 않으면 억울하지 않겠는가. 그러므로 한 챕터 정도는 쭉 읽어 나가기를 권한다. 앞서 '순간의 생각'을 설명하며 말했듯 맥락을 중간중간 상기하면서 보는 것이 중요하다.

책의 장르가 무엇이든 방법은 크게 다르지 않다. 노트에 기록하라고 하면 수준 높은 책을 선택해야 할 것 같은 기분이 들겠지만 사실 어떤 책이든 좋다. (하물며 어린이책도 좋다.) 어떤 책을 읽든 중요한 것은 흐름을 따라 읽고 맥락을 짚은 다음 기록하는 것이다.

03

어려운 책을
쉽게 읽는 방법

지적 성장을 위한 다양한 활동 중 내가 가장 중점에 두었던 것은 '함께 책 읽기'였다. 그동안 꾸준히 독서 모임을 열었는데 적게는 100명에서 많게는 300명까지 참여하는 대규모 활동도 있었다.

함께 읽는 책은 분야를 가리지 않고 사람들의 생각 근육을 키워 줄 수 있는 명저를 선택하기 때문에 간혹 읽기 어렵다는 이야기가 들려오기도 한다.

"남들은 좋은 책이라는데 전 도무지 무슨 말인지 모르겠어요. 너무 어려워요."

여러분도 한 번쯤 경험했을 것이다. 남들이 좋은 책이라고 해서, 필독서라고 해서, 서점을 둘러보니 괜찮아 보여서 읽어 보려 했는데 도무지 무슨 소리인지 모를 때가 있지 않는가. 많은 사람이 읽었다고 하니 꾹 참고 도전하지만 앞부분만 계속 뒤적이다 포기하고 만다.

원인이 뭘까? 내 지적 수준을 훨씬 넘어서는 책이기 때문일 수도 있다. 혹은 책의 서술이나 표현 방식이 좀 생경해서 머릿속에 잘 들어오지 않을 수도 있다. 심지어 가독성이 떨어지게 잘못 쓰인 책이라서 그럴 수도 있다.

이 중 첫 번째 원인, 즉 정말 전문적인 지식이 필요한 책이 아니라면 여러분은 사실 어떤 책이든 읽어 낼 수 있다. 방법은 간단하다. 아주 천천히 읽으면 된다. 독서를 좀 하는 사람이라면 한 시간 동안 30쪽에서 70쪽까지도 읽을 수 있는데, 한 시간에 딱 '10쪽만' 읽겠다고 결심해 보는 것이다.

이렇게 결심하면 우선 마음이 편해진다. 아주 천천히 읽다가 무슨 의미인지 모르겠으면 다시 앞으로 가서 한 번 더 읽는다.

몸에서 힘을 빼는 것처럼 뇌에도 힘을 뺀다고 생각해 보자. 빠르게 읽고 이해하려는 욕심을 내려놓으면 오히려 이해력이 높아진다. 지속하기도 쉬워진다. 300쪽짜리 책을 하루 한 시간, 10쪽씩 읽으면 한 달이면 완독할 수 있다.

책 한 권을 다 읽었다면 한 단계 더 나아가 보자. 1회 완독 후 한 번 더 읽어 보라. 이때도 마찬가지로 한 달에 걸쳐 하루 한 시간 동안 10쪽씩만 읽기로 하자. 이미 책의 전체적인 내용을 알고 있기 때문에 처음보다는 시간이 많이 남을 것이다. 그 시간에는 밑줄도 그을 수 있고, 내가 읽은 내용이 어떤 이야기였는지 생각할 여유도 생긴다. 또 메모도 할 수 있게 된다.

다시 말해 마음껏 기록하고 생각할 수 있게 된다. 이 과정을 거치면 꽤 어려운 책도 머릿속에 일목요연하게 정리될 것이다. 한 번만 경험해 보면 추후에 더 어려운 책을 만나더라도 얼마든지 읽고 소화할 수 있다. 즉 우리에게 필요한 건 단 한 번의 성공 경험이다.

책을 읽는다는 건 저자와 나의 내면이 대화하는 과정이다. 깨달음과 지식을 얻는 것을 넘어 내면의 잠재성을 채우는 행위다. 이 경험이 쌓이면 책의 수준과 난이도는 더 이상 독서의 장애물이 되지 않는다.

암기가 쉬워지는
공부 기록

기록학자라고 하면 원래부터 기록도 암기도 잘했거니 생각하겠지만 난 사실 고등학교 때 암기 과목의 성적이 유독 나빴다. 분명 외웠다고 생각했는데 기억이 안 나기도 했고 시험에 전혀 예상하지 못했던 문제가 나와 당황하기도 했다. 어떻게 하면 암기를 잘할 수 있을까 고민하다가 방법을 깨닫게 된 것은 고등학교 3학년 때였다.

어느 날 친구가 한국사 참고서 하나를 던져 줬다. 자신은 다 봤으니 내가 보면 도움이 될 거라고 했다. 참고서에는 다양한 표시가 되어 있었다. 전체 맥락에서 핵심이 되는 내용과 꼭 외워야 하는 연도 등 중요 부분에 모두 표시해 둔 것이었다. 암기를 못하는 나를 위해 자신이 직접 정리한 요약본을 공유해 준 친구가 무척 고마웠다.

결국 나는 그다음 중간고사에서 한국사 100점을 받았다. 뒤늦게 알게 된 사실이지만 친구가 나에게 준 자료는 고액 과외 교사에게 배운 대로 정리한 것이었다. 지식을 정리하는 노하우를 과외 교사가 학생들에게 비싼 가격에 판 것이다.

나는 그때 공부는 그냥 열심히만 해서는 되는 게 아니라는 사실을 깨달았다. 지식에 질서를 부여하고 체계적으로 정리하는 방법을 알아야 공부도 잘할 수 있다. 동시에 누군가는 그런 노하우를 나보다 빨리 익히고 있다는 현실도 자각했다. 나는 과외를 받을 수 있는 형편이 아니었으니 스스로 노하우를 익힐 수밖에 없었다.

그때는 그저 본능으로 '정리가 공부의 핵심'이라는 것을 느끼고 있었지만 오랜 시간이 지나고 기록을 전공하면서 그 원리를 다시금 깨닫게 되었다. 기록학에서 가장 핵심이 되는 이론 중 하나로 분류론classification이 있다. 이것은 다른 말로 정리론arrangement이라고도 하는데, 연관되거나 비슷한 것, 연결되는 것들을 하나의 흐름으로 묶는 것이다. 다른 하나는 평가론appraisal으로 좋은 것을 골라내고 나쁜 것은 버리는 작업이다. 여기서 핵심은 무엇이 좋고 나쁜지 판별하는 것이다.

예를 들어 옷 정리를 할 때도 이 두 가지 원리가 관여한다. 계절별, 상황별로 입을 옷을 분류하고 그중에서 덜 필요하거나 몇 년간 입지 않은 옷은 버린다. 그리고 앞서 분류한 대로 남은 옷들을 정리하면 옷장이 깔끔해지고 옷을 활용하는 효율성도 커진다.

공부를 잘하는 세 가지 기록 원칙

공부를 잘하고 싶은가? 그럼 공부에 정리 노하우를 적용해보자. 공부의 효율성을 높이려면 옷을 정리하듯이 흩어져 있는 지식들도 잘 정리해야 한다. 공부를 잘하는 사람들은 보통 자신만의 노트 정리 노하우가 있다. 정리를 잘하는 것만으로도 우리의 공부력이 크게 올라가기 때문이다.

수많은 공부법이 있겠지만 여기에서는 큰 원칙 세 가지를 설명하려 한다. 이 원칙은 어떤 공부 방법에도 적용할 수 있다. 이를 기반으로 지금 당신이 사용하고 있는 공부법을 한층 더 발전시키기 바란다.

첫 번째는 확실성이다. 내가 공부한 내용을 다른 사람에게 설명할 수 있을 정도로 확실히 알아야 한다는 뜻이다. 우리는 스스로 확실하게 소화한 내용만 기록하거나 설명할 수 있다.

두 번째는 요약성이다. 내가 알게 된 내용 전체를 모두 기억하기는 어렵다. 공부해야 할 내용이 넘쳐나는 와중에 세세한 부분까지 전부 외울 수는 없는 노릇이다. 키워드로 메모하고, 그것을 보고 원래 지식을 떠올려야 한다. 키워드를 보고도 기억이 나지 않는다면 어떻게 해야 할까? 다시 교과서나 참고서를 뒤져 보면 된다.

세 번째는 종합성이다. 메모해 놓은 키워드들을 내 생각 순서대로 재정렬해 보는 것이다. 이는 지식을 지혜로 만드는 과정과 유사하다. 내가 익힌 지식들을 상황에 맞게 필요한 형태로 편집할 수 있는 능력이 있어야만 고난도 문제까지 풀어 나갈 수 있다.

아무리 외워도 기억에 남는 것이 없다면, 외우는 건 곧잘 하는데 응용문제나 심화문제는 도무지 풀리지 않는다면, 오랜 시간을 들여 공부해도 성적이 오르지 않는다면 당신의 공부법에 이 세 가지 원칙이 잘 적용되고 있는지 살펴보라. 확실성, 요약성, 종합성을 적용해 학습해야 비로소 공부한 지식을 내 것으로 만들 수 있다. 세 가지 원칙을 체화하는 순간 고액 과외 부럽지 않은 막강한 공부법을 장착한 사람으로 성장할 수 있을 것이다.

05

글을 잘 쓰고 싶다면
메모 글쓰기를 하라

기록학자가 무엇을 하는 사람이냐고 묻는다면 아주 간단하게 '기록을 관리하는 전문가'라고 말할 수 있다. 이를 풀어서 말하자면 '의미 있는 정보를 누적하고 분류해서 콘텐츠를 만들고 메시지를 전달하는 일을 아주 잘하는 사람'을 뜻한다. 글을 쓰거나 영상을 제작하는 등 나만의 창작물을 만드는 데 관심이 있는 사람이라면 솔깃할 것이다.

특히 글쓰기는 기록과는 떼려야 뗄 수 없는 관계다. 무엇인가를 '적는 것'이 기록記錄이니 당연하다. 즉 기록의 원리를 이해하면 아주 효과적인 글쓰기 방법론을 습득할 수 있다. 글을 잘 쓰고 싶은 사람, 글쓰기를 연습하고 싶은 사람들을 위해 기록의 원리를 활용한 글쓰기 방법을 지금부터 소개한다.

1. 누적하라

무엇을 누적해야 할까? 첫째로 '내면의 생각'이다. 내면의 생각은 스스로 꺼내어 메모하지 않으면 속에서 잠자고 있을 뿐이다. 앞서 기록은 내면의 생각을 명시화하는 역할을 한다고 했다. 자꾸 내 안을 들여다보면서 메모하는 습관을 붙이는 것이 기록형 인간이 글쓰기를 할 때 제일 먼저 하는 일이다. 생각을 메모하는 법은 뒤에서 더 자세히 설명하겠다.

둘째로 '느낌'이다. 기운이나 감정을 통칭하는데, 일상을 살아가거나 일을 하면서 느끼는 바가 있을 것이다. 이 느낌은 굉장히 소중하다. 나는 글을 써야겠다고 생각하면 평상시에 가지는 느낌들도 아주 자세히 메모해 놓는다.

셋째, '지식과 지혜'도 있다. 책을 읽으면 그 책에 담겨 있는 지식을 얻을 수 있고, 강의를 듣거나 누군가와 대화를 하면 '이 문제는 이런 방식으로 풀면 좋겠네.' 하는 지혜를 얻을 수 있다. 이 모든 것을 누적해 보길 바란다.

정리하자면, 글을 잘 쓰기 위한 출발점은 생각, 느낌, 지식과 지혜의 누적이다. 그렇다면 얼마나 누적해야 할까? 내가 권하는 건 하루에 최소한 노트 4쪽 이상의 메모를 하라는 것이다. 메모를 하다 보면 평이하게만 보였던 내 삶에 생각보다 쓸 거리가 많다는 사실을 깨달을 것이다.

2. 분류하고 연결하라

하루에 4쪽씩 메모한다면 사흘만 지나도 12쪽의 메모가 쌓인다. 당신은 이미 많은 기록을 생산해 낸 것이다. 공공기관이나 학교, 회사 등에서도 기록을 굉장히 많이 만들어 낸다. 기록이 쌓이면 그다음은 '이 기록을 어떻게 잘 나눠서 볼 것인가.' 하는 문제로 넘어가게 된다. 쌓여 있는 기록을 나누고 정리해서 활용하는 것 또한 나 같은 기록학자가 참 잘하는 일이다.

분류하라고 말하면 고도의 분류 방식이 따로 있다고 생각하고, 여러 방식 중 무엇을 사용할 것인가에 골몰하는 사람이 많다. 그러나 분류는 그것보다 훨씬 더 근원적인 작업이다. 분산돼 있는 내용을 머릿속에서 다시 묶어 주는 걸 통칭해서 분류라고 말한다. 이를 글쓰기에 적용해 보자.

먼저, 메모한 것을 뒤적거리면서 자꾸 생각을 하는 것이다. 3일 지난 메모를 다시 뒤적이다가 '아 맞아. 내가 그때 이런 생각을 했었지.' 하며 빙긋이 미소 짓게 될 수도 있다. 이런 경험은 생각보다 즐겁다. 메모한 것을 자주 들여다보면 머릿속에서 다시 정리되면서 새로운 연결 지점이 생기기도 한다. '이

번에 내가 메모한 것과 관련해서 글을 한번 써 봐야겠는걸. 이
에피소드와 저 지식을 연관 지을 수 있겠어.' 연결은 이 정도
면 충분하다.

3. 드러내라

기록형 인간은 기록 몇 가지를 가지고 사실이나 메시지 등
을 전달하는 데 능하다. 나는 이것을 '드러내기 글쓰기'라고
부른다. 먼저 논리적인 흐름에 따라 자신이 메모한 것들을 분
류해서 (즉 잘 조합해서) 서사가 만들어지도록 얼개를 준비한
다. 그다음에는 메모한 것들이 그대로 드러날 수 있도록 글을
써 내려간다. 누적과 분류가 잘 이루어졌다면 저절로 써진다
고 할 정도로 자연스럽게 글이 풀릴 것이다.

대부분의 사람이 글쓰기를 어려워한다. 스스로 '나는 글을
못 쓰는 사람이야'라는 선입견을 가진 경우도 많다. 글이란 건
'아주 잘 쓴 것'이어야 한다는 강박관념 때문이다. 이제 생각
을 바꾸자. 글은 매끄럽고 유려하게 쓰는 것이 아니라 나를 있
는 그대로 표현하는 것이다. 완벽하게 쓰려고 하지 말자. 글은
얼마든지 다시 고칠 수 있다. 처음에는 미완성으로 쓰고 잘 고
치면 된다.

다만 한 가지 당부하고 싶은 건, 글쓰기를 매일 해야 한다는 사실이다. 노트에 손으로 써도 좋고 휴대전화나 컴퓨터를 사용해도 좋다. 개인적으로는 손으로 쓰는 노트를 사용하면 펜이나 만년필의 촉감이 느껴져 글 쓰는 것이 더 행복한 일로 다가오곤 했다.

　나는 글쓰기를 할 때 앞에 쓴 글들과 현재 쓴 글들을 잘 모아서 합치고 사이사이에 새로운 이야기를 삽입하면서 하나의 긴 글을 만들어 나간다. 매일 하루도 빼먹지 말고 글쓰기를 지속한다면 6개월 안에 반드시 능숙하게 글을 쓰는 자신을 발견하게 될 것이다.

6장

대화

"주고받으며
새로운 것을 창조하라."

06

대화는 어떻게
지식이 되는가

나는 사람들과 대화하는 것을 굉장히 즐기는 편이다. 업무
와 관련된 논의를 제외하고도 하루에 적으면 서너 명, 많게는
열 명 가까운 사람들과 다양한 주제로 대화를 나눈다.

내가 이렇게 대화를 좋아하게 된 까닭은 지속적으로 새로
운 영상 콘텐츠를 만들고 글을 써야 하는 입장에서 대화를 통
해 번뜩이는 영감을 얻을 때가 많기 때문이다. 또 다른 이유로
는 한 가지 주제를 두고 서로 다른 생각을 쌓아 가는 과정이
새로운 지적 즐거움을 선사하기 때문이기도 하다.

대화는 책을 읽는 것과 마찬가지로 지식을 쌓아 가는 시간
이다. 책에서는 정제된 지식을 만날 수 있다면 대화에서는 좀

더 자유분방하고 잠재력 넘치는 날것의 지식이 사람과 사람 사이에 떠다닌다. 그것을 어떻게 잡아내느냐에 따라 책에서보다 훨씬 더 깊은 깨달음을 얻을 때도 있다.

대화를 통해 영감과 통찰의 실마리를 얻는 문화는 꽤 오래전부터 이어져 왔다. 17~18세기 유럽에서는 살롱 문화가 발달해 귀족과 문인, 예술가가 한곳에 모여 대화하고 문화와 취미를 교류하기도 했다. 그들은 왜 살롱에 모였던 것일까?

내가 철학자라고 상상해 보자. 살롱에 가서 오랫동안 고심해온 생각을 다른 사람들에게 들려줬다. 내 생각을 들은 사람들이 거기에 대해 말을 얹기 시작한다. 그들의 의견을 들은 나는 또 다른 방향으로 이야기를 전개한다. 서로의 의견과 아이디어가 쉴 새 없이 오고 간다. 어느 순간에 이르자 집에서 혼자 생각했던 것과는 전혀 다른 새로운 사유가 탄생하게 되었다!

그렇다. 사람들은 홀로 책상 앞에 앉아 머릿속 철학의 세계를 탐험하다가 어느 정도 생각이 정리되면 살롱에 가서 대화를 나눴다. 대화를 통해 영감을 얻고 생각을 더욱 발전시킬 수 있었던 것이다. 생각을 나누다 보면 경향성이 비슷한 무리가 생기게 되는데 그 사람들이 학파나 사조를 이루기도 했다. 서양의 근대 학문이나 사상 체계는 이렇게 성장해 나갔다.

예술가들 역시 창작을 하다가 생각이 막히면 살롱을 찾았다.

소설가는 글을 쓰다가 잘 풀리지 않으면 살롱에 가서 다른 사람들의 이야기를 들었다. 살롱은 비단 학문의 발전뿐만 아니라 예술 성장의 중요한 기반이 되기도 했다.

좋은 관계에서 좋은 대화가 나온다

상대와의 이야기를 통해 생각을 다른 차원 혹은 더 높은 차원으로 발전시켜 가는 것. 이것이 진정한 대화이며 다이얼로그의 신비다. 당신은 대화에서 무엇을 얻고 있는가? 누군가와 대화하는 자체를 싫어하지는 않는가? 요즘 우리 사회는 회식은 물론 스몰토크까지 대화의 자리를 피로하게 느끼는 경향이 있다. 대화 속에서 지식을 좇는 나로서는 안타까운 마음이 크다.

지금은 살롱 문화가 사라진 대신 서구 사회에서는 파티 문화가 발달했는데, 우리나라의 회식 문화나 사교 모임과는 조금 다른 모습을 가진다. 회식은 한정된 사람끼리 고정된 자리에 앉아서 식사를 하거나 술을 마시는 게 일반적인 반면 파티는 직접적으로 연결되어 있지 않은 사람도 서로 대화를 나눌 수 있는 장이다. 고정된 자리에 앉아 있는 것이 아니기 때문에 계속 움직이며 여러 사람과 인사하고 이야기를 나눈다.

여기 새 직장을 찾고 있는 사람이 있다. 모르는 사람과 대화를 나누다 보면 어떤 회사에서 사람을 구한다는 정보를 우연치 않게 얻을 수도 있고, 심지어는 직접 소개받을 수도 있다. 또는 새로운 비즈니스 기회나 아이디어를 얻을 수도 있다. 꼭 비즈니스 관계가 아니라도 마음이 잘 맞아서 좋은 친구가 될 수도 있다. 휴먼 네트워크가 확장되는 것이다. 당연한 이야기지만 다양한 사람을 만나야 새로운 기회도 생긴다.

이에 비해 우리나라에서는 생산적인 인간관계가 부족한 편이다. 한국 사회에서 친구라고 하면 너무 깊고 가까운 사이인 경우가 많다. 친구라는 이유로 선을 넘는 일도 잦다. 나는 인간관계의 기본이 쿨 트러스트cool trust라고 생각한다. 이것이 바로 내가 하루에도 수많은 사람을 만나 대화의 즐거움을 얻고 건강한 관계를 맺을 수 있는 이유다.

몇몇 가까운 사람을 제외하고 서로가 잘 맞지 않는다고 생각된다면 얼굴을 붉히지 않고 쿨하게 돌아설 수 있어야 하는 것이다. 잘 맞지 않는 사람과 굳이 고통스러운 관계를 이어갈 필요는 없다. 관계를 끊기 어려워하고 관계가 끊기면 상처를 받는 사람에게는 더욱 쿨 트러스트가 필요하다.

한편 우리는 나와 관계없는 사람, 즉 모르는 사람에게는 지나치게 벽을 쌓기도 한다. 그러나 관계의 확장이 전제되지 않으면 삶 또한 확장되지 않는다. 관계 확장을 두려워하는 사람은 관계를 끊어 내는 데도 보수적일 수밖에 없다. 확장이 전제됐을 때 불필요한 관계도 깔끔하게 정리해 낼 수 있다.

쿨 트러스트의 관계 그리고 서로의 의견을 덧대는 다이얼로그의 문화가 정착된다면, 만남과 대화야말로 지식의 보고가 될 것이다. 대화 중에 혹은 대화가 끝난 뒤에 새롭게 깨닫게 된 것들과 대화 사이를 떠돌아다니던 지식들을 되뇌어 보고 기록하기 위해서는 건강한 관계가 선행되어야 한다.

대화의 내용을 찬찬히 이해하고 소화하면 그 과정에서 우리는 자신의 변화와 새로운 생성을 경험하게 된다. 그 경험을 요약하고 정리할 수 있다면 대화는 반드시 상호 성장을 가능하게 하는 공부의 과정이 될 것이다.

07

주고받으면서 쌓이는
다이얼로그의 신비

어떤 사람과 대화를 나누고 나면 말이 정말 잘 통했다는 느낌을 받을 때가 있다. 또 다른 어떤 사람과 대화했을 때는 대화가 아니라 벽을 마주하고 있는 듯한 느낌이 들 때도 있다.

대화를 기록하면 지식을 쌓을 수 있다는 것은 사실이지만, 모든 대화에서 성장의 단초를 발견할 수 있는 것은 아니다.

대화의 핵심은 '주고받는' 것이다. 대화를 영어로 다이얼로그dialog라고 하는데, 여기에서 dia는 '가로질러'라는 뜻이고, log는 '말'이라는 뜻이다. 상대방과 가로질러 말하는 것이 바로 대화인 셈이다.

주거니 받거니 했을 뿐인데 지식이 쌓인다니 놀랍지 않은가? 어떻게 대화를 통해 지식을 얻을 수 있는 것일까? 예를 들어 '대화'라는 키워드를 주제로 세 사람이 대화를 나눈다고 해보자.

사람1: 나는 대화에서 제일 중요한 것은 진심이라고 생각해.

사람2: 네 말이 맞아. 진심은 대단히 중요해. 하지만 그것만으로는 부족한 것 같아. 거기에 뭔가 더 있어야 할 것 같은데…….

사람3: 진심에다 유용한 정보 같은 것도 담기면 좋지 않을까? 메시지가 담겨도 좋겠지.

세 사람 각자가 원래 다른 생각을 갖고 있었다. 그 생각을 나누는 과정에서 처음 생각과는 다른 결과물이 만들어진다. 이것이 바로 대화의 핵심이며 대화가 만들어 내는 지식이다. 그러므로 사람들과의 대화란 일방적으로 말하거나 듣는 것에 그치지 않는다.

서로의 말을 벽돌 쌓듯 쌓아야 제3의 무언가를 생성할 수 있다. 일종의 집단지성이기도 하다. 여러 사람이 지적 능력을 모으는 것은 고대부터 인류가 행해 온 본능과도 같은 행위다.

왜 내화를 기록하는가

당신은 말을 하다가 복잡했던 문제가 갑자기 정리되거나 미처 생각지 못했던 새로운 아이디어가 떠오른 적이 없는가. 처음에는 완전히 이해하지 못했던 내용도, 똑같은 얘기를 다른 곳에 가서 또 하다 보면 논리성을 갖추게 되기도 한다.

말을 하는 과정에서 생각이 자가 발전하게 되는 것인데, 이를 효과적으로 도와주는 게 바로 기록이다. 일이건 말이건 대화건 기록의 과정을 거쳐 조금씩 쌓이면 '기축基軸', 즉 생각의 중심이 된다.

나는 기축을 달리 표현해 라이프 스타일이라고 말한다. 아들러 철학에서 라이프 스타일은 일종의 가치관이다. 어떤 사물을 보고 호불호를 판단하는 것부터 평소의 말 습관, 옷 스타일까지 모두 라이프 스타일에 포함된다. 삶을 기록하는 행위가 모이고 쌓여서 라이프 스타일을 형성한다.

특히 '대화 기록'은 개인의 라이프 스타일을 가장 잘 보여주는 영역이다. 대화를 해 보면 대화 상대는 물론 나 자신에 대해서도 어떤 사람인지, 어떤 가치관을 가지고 있는지 알 수 있기 때문에 이를 기록해 라이프 스타일을 돌아볼 수 있다.

그러나 대화를 쌓아 가는 것에 익숙하지 않은 사람은 대화 기록을 할 때 주고받은 말들이 서사가 아니라 파편적인 정보로 남기도 한다. 아무런 스타일도 없이 텅 빈 삶을 살고 싶지 않다면 지금부터 대화의 맥락을 기록하자.

대화를 기록할 때는 상대방의 이야기뿐 아니라 자신의 이야기도 같이 적어야 한다는 점을 명심하자. 보통 대화를 기록하라고 하면 기자처럼 상대방의 이야기만 쓰곤 하는데 자신의 이야기까지 담겨야 진정한 대화 기록이다. 물론 대화를 하며 길게 쓰기는 힘들기 때문에 핵심 키워드만 메모해야 한다. 이 키워드들이 바로 다이얼로그의 핵심 로그가 되고 지식이 되는 것이다.

간혹 이렇게 질문하는 사람도 있다.

"그렇게 기록할 정도의 대화를 나누려면 대단한 사람을 만나야 하는 것 아닌가요?"

물론 대화 상대의 지식과 경험이 많으면 당연히 좋다. 그러나 대화는 학식의 문제가 아니라 감각의 문제다. 학식이 모자라도 지혜가 뛰어난 사람이 있을 수 있다. 모든 사람이 스승이라는 것을 기억하자. 누구에게나 배울 점이 있고 또 배울 수 있다.

08

말 속에 숨어 있는 지혜를
놓치지 않으려면

당신은 하루 종일 얼마나 많은 말을 하는가? 말을 통해 대인관계를 맺고 말을 통해 일하며 일상의 대부분을 말로 채운다. 말을 많이 한 날, 집으로 돌아왔을 때 유독 피곤하고 허탈하다면 당신은 잘못된 말하기를 하고 있을 확률이 크다.

물론 당신뿐만이 아니다. 대부분이 말의 속성을 모르고 어떻게 말해야 하는지 제대로 이해하지 못하기 때문에 말이 삶에 부정적인 요소로 작용하는 경우가 많다.

나는 '말'이 주는 힘을 믿는다. 말에서 얻을 수 있는 것들은 지식, 경험, 감정, 공감 등을 비롯해 무궁무진하다. 내가 기록하는 사람이자 말하는 사람으로 살아온 이유도 여기에 있다.

양질의 말은 듣는 사람뿐만 아니라 말하는 사람도 끝없이 성장시킬 수 있기 때문이다.

소크라테스는 주고받는 대화를 통해서 철학을 완성한 것으로 유명하다. 제자인 플라톤이 집대성한 『대화편』을 통해 소크라테스의 대화 철학을 엿볼 수 있다. 어찌 보면 서양 철학은 다이얼로그의 철학이라고 말해도 과언이 아니다.

그러나 안타깝게도 우리는 대화를 잘못 이해하고 있다. 대화는 내 생각을 사람에게 전하고 다른 사람의 생각을 듣는 것이라고만 생각한다. 우리는 보통 그 사람의 마음과 말의 진의를 정확하게 파악하기 위해서 경청한다. 누구나 경청이 중요하다는 사실은 알지만 어떻게 경청해야 하는지 정확히 아는 사람은 드물다.

듣는 것으로만 끝난다면 제대로 된 경청이 아니다. 상대방이 이야기하는 동안 머릿속으로는 자기가 할 이야기를 생각한다면 사실은 경청하고 있지 않은 것이다. 이런 방식으로는 다이얼로그의 신비에 도달할 수 없다. 앞서 말했듯 다이얼로그란 타인의 말을 듣고 거기에다가 나의 이야기를 얹고, 다시 상대방이 자신의 이야기를 얹는 식으로 주고받음이 있어야 한다. 즉 올바른 경청은 '주고받는 대화'를 위한 사전 작업이기도 하다. 듣는 것을 넘어 상대의 말을 신중하게 받아들이고

이해하고 내 안에서 소화해야 공감을 하거나 내 의견을 더할
수 있기 때문이다.

진짜 대화를 하는 방법

최근 여러분이 나눈 대화를 떠올려 보라. 내 얘기만 계속했
다거나 반대로 다른 사람의 이야기만 듣지 않았는가. 그렇다
면 어느 한쪽은 분명 지루했을 것이고 그 대화에서 새로움은
전혀 생성되지 않았을 것이다. 대화를 통해 서로가 깨달음을
얻기도 하고 무언가를 알게 되기도 해야 재미있고 의미 있는
대화가 된다.

'내 이야기를 상대가 어떻게 생각할까?' 이런 걱정 때문에
말하기를 두려워하는 사람이 있다. 반대로 너무 자기 이야기
만 해서 상대방을 지치게 하는 사람도 있다. 어떻게 하면 주고
받는 진짜 대화를 할 수 있을까?

우선 마음을 편히 먹고 자신이 가진 생각이나 알고 있는 사
실에 대해 간단하게 이야기를 던지는 데서 대화를 시작하자.
그것에 대해 상대방이 자신의 의견을 말하면 잘 듣고 이해하
고 공감해 줘야 한다. 그리고 상대의 의견에 한 번 더 보태서

자신의 생각을 말한다. 이런 주고받기가 반복될 때 이야기는 점점 더 넓어지고 깊어진다.

만약 내가 얘기했는데 상대가 해당 주제에 대해 이야기를 하려고 하지 않는다면? 조금 기다렸다가 또 다른 이야기를 던져 주면 된다. 어떤 사실에 대해 나만의 진실된 생각이나 해석 등을 던지는 것이다. 나는 여러분이 주고받는 대화를 꼭 경험해 보기를 바란다. 대화에 의해 형성되는 진정한 인간관계가 무엇인지 깨달을 수 있을 것이다.

사실 대화 중에 무언가가 생성되어도 많은 사람이 그 사실을 모른 채 지나치는 경우가 많다. 우리 사이에 떠다니는 지혜를 그저 흘려보내고 놓치는 것이다. 아깝지 않은가. 그래서 대화 기록이 필요하다.

듣는 것에 그치지 않고, 상대의 말을 이해한 후 내 말을 얹고, 거기에 다시 상대가 말을 얹는 과정. 이런 대화의 주고받음이 이어진 결과로 새로운 세계가 열리는 감각. 이것을 기록해 축적해 나가는 경험. 이를 통해 책에서 얻는 것과는 또 다른 지식과 지혜를 얻게 될 것이다.

09

대화의 맥락을
기록하라

골치 아픈 문제가 풀리지 않을 때 어떻게 하는가? 새로운 아이디어가 필요한데 도무지 머리에 떠오르지 않는다면? 나는 일단 머리에 맴돌던 생각을 잠깐 멈추고 다른 사람과 대화를 나누면서 해결의 실마리를 찾는 방법을 사용한다. 더군다나 나처럼 계속 창의적인 생각을 해야 하는 사람이라면 대화 속에서 튀어나오는 소재가 꽉 막힌 머리를 뚫어 주기도 한다.

대화를 나누면서 알게 된 상대방의 표현법이나 발상을 포착해 기록하면 그것은 우리 뇌에 지식으로 인식된다. 책을 읽으면서 독서 노트를 만드는 것과 본질적으로 같은 원리다. 다이얼로그가 가능하다면 그 대화는 공동 저자 여럿이 함께 책을 쓰는 것과 같다.

심지어 대화를 기록하는 일은 책을 읽고 기록하는 것보다 훨씬 수월하다. 책을 읽을 때는 저자에 대해 잘 모르는 경우가 많지만, 대화를 할 때는 보통 상대방에 대해 비교적 더 많이 알고 있고 무슨 얘기를 할지까지 예측할 수 있기 때문이다. 표정이나 말투 등의 비언어적인 표현도 이해를 돕는다. 그래서 상대방의 의도를 파악하기가 훨씬 쉬워진다. 그런데 대화를 기록하라고 말하면 이렇게 오해하는 사람이 많다.

"그렇게 적다 보면 대화는 어떻게 하나요? 눈도 안 마주치고 쓰고만 있으면 예의에 어긋나잖아요?"

"대화를 받아 적는다고 생각하면 부담스러울 것 같아요."

대화 기록은 내용 전체를 그대로 받아 적는 것이 아니다. 키워드 위주로 대화의 맥락을 적는 것에 가깝다. 나중에 살펴봤을 때 어떤 대화를 나눴는지 떠올릴 수 있을 정도면 충분하다. 큰 노트를 펼치는 것도 아니다. 나는 30년간 거의 같은 사이즈의 수첩을 사용해 왔다. A5 사이즈 정도의 작은 수첩은 휴대가 편리할 뿐만 아니라 대화 중에 꺼내서 쓰기에도 부담이 적다. 그곳에 맥락과 핵심만 잠시 적어 놓자. 이렇게 하면 상대방이 나를 무례하게 느끼거나 부담스럽게 여길 일은 없다.

대화를 하는 중에 메모하기가 힘들다면 만남이 끝난 다음에 기억을 떠올리면서 기록하라. 기록에 익숙한 사람은 기억력도 향상되기 때문에 시간이 많이 흐르기 전까지는 대화 내용 대부분을 기억할 수 있다. 하지만 당신이 기록 초보자라면 대화하면서 적기 위해 노력하는 게 더 좋다.

대화의 내용을 속기사처럼 다 받아 적는 사람은 아예 기록하지 않는 사람과 마찬가지로 대화의 효용과 핵심을 놓치기 마련이다. 전부 다 적을 거라면 상대방에게 양해를 구하고 녹음하는 게 나을지도 모른다. 명심하라. 우리가 대화 기록을 하는 이유는 재판장에 증거로 제출하기 위해서가 아니다. 대화에서 들려오는 정보를 내 안에서 이해한 다음 필요한 것만 발췌해 지식으로 만들기 위함이다.

나는 사적인 만남에서도 습관처럼 대화를 기록한다. 친구와 얘기할 때도 기록하고 업무 미팅이 끝난 다음에도 기록한다. 그냥 어떤 사람을 만나서 커피 한잔을 마셨어도 기록한다. 이처럼 대화 기록은 일과 일상을 넘나들어 활용할 수 있다.

상대의 마음을 사로잡는 대화 기록

우리는 사람을 만날 때 어떤 태도를 가져야 한다는 인간관계의 처세술에 대해 잘 알고 있다. 하지만 상대를 존중하고 공감하는 방법으로는 기록만큼 좋은 처세 수단이 없다. 특히 비즈니스 관계에서 대화 기록은 직접적인 성과와 연결된다.

여기 영업사원이 있다. 오늘 어떤 고객을 만났고 무슨 얘기를 나눴는지, 심지어 대화를 나눴던 사람의 가족에 관한 언급까지 메모해 둔다. 예를 들어 상대방이 "다음 달에 결혼기념일이 있는데"라고 지나가듯 말했다면 이를 적어 뒀다가 그날을 기억해 축하 인사를 건넨다든지 하는 식이다.

비즈니스는 사람의 마음을 얻는 일이다. 고객과 대화를 할 때 '이 사람을 어떻게 설득해서 물건을 판매할까'에 중점을 두면, 장담하건대 당신은 목적을 달성하지 못할 가능성이 크다. 자신이 판매하는 상품과 관계없이 상대가 지금 가장 원하는 것이 무엇인지, 그 사람을 진정으로 알아보려고 노력해야 한다.

만약 영업사원이 하루에 무려 20명을 만났다면 대화 기록이 꽤 많이 쌓였을 게 틀림없다. 그것을 사람별로 재정리해 보라. 다시 떠올리고 정리하면 그 사람을 현재의 나에게 불러올 수 있다. 스쳐 지나가 버릴 과거의 인연으로 끝나는 것이 아니라 현재의 의미 있는 관계로 발전시킬 수 있는 것이다. 이런 기록의 성격을 십분 활용할 때 상대를 나의 고객으로 만들 수 있는 가장 큰 능력을 얻게 된다.

10

대화할 때 떠오르는
순간의 생각을 포착하라

대화가 잘 안된다는 느낌을 받거나, 대화한 후에 기분이 나빠지거나, 나는 열심히 말했는데 상대방은 전혀 다르게 받아들인 때가 있는가? 대화를 못 하는 사람은 없지만 잘하는 사람도 드물다. 대화하다 보면 어느새 자기를 내세우고 내 얘기만 하게 되는 경우도 굉장히 많다.

대화는 말뿐만 아니라 감정이 오가는 행위다. 대화의 분위기를 결정하는 것은 대화하는 주체들의 감정 상태. 물론 내용도 중요하지만 내용의 중요도가 20퍼센트라면 감정의 중요도는 80퍼센트에 가깝다. 서로의 감정을 얼마나 잘 읽고, 경우에 따라서 제어하고, 어떻게 감싸주느냐에 따라 대화의 질이 결정된다. 그러므로 먼저 나의 감정 상태를 인식recognize하고 상대의 감정을 이해understanding해야 대화를 긍정적인 방향으로 이끌 수 있다.

대화에 참여하는 사람이 몇 명이건 대화에는 항상 목적이 있다. 위안과 공감을 주고받기 위한 대화일 수도 있고 어떤 지식을 적극적으로 교환하는 것이 목적일 수도 있다. 또 어떤 경우에는 특정한 결론을 이끌어 내는 것이 목적일 수도 있다. 대화의 목적에 따라 대화 방식도 사뭇 달라질 것이다.

당신은 목적을 생각하고 대화하는가? 일반적으로 대화를 처음 시작할 때는 목적을 생각할지 몰라도 한참 대화가 진행되다 보면 쉽게 잊어버린다. '내가 이 말을 왜 했더라' 고개를 갸우뚱했던 경험이 있을 것이다. 결국 목적을 달성하지 못한 채 대화가 끝나기도 한다. 사실 대화를 잘하기 위해 중요한 것은 대화법보다는 '생각법'이다.

순간의 생각을 활용하라

앞서 독서할 때 순간의 생각이 중요하다는 말을 했다. 책을 읽을 때도 잠깐씩 고개를 들고 어떤 내용과 흐름인지 생각해 보아야 한다는 것이다. 사실 우리는 삶을 살아가면서 굉장히 다양한 생각을 한다.

대화할 때도 순간의 생각이 결정적인 작용을 한다. 대화의 '목적'이 무엇인지에 대해 반드시 순간의 생각을 해 보라. 대화를 하는 중간중간 나의 감정 상태를 '인식'하고 나를 표출하려는 욕망이 과도하다면 통제해야 한다. 그리고 상대의 말과 표정, 몸짓과 느낌 등이 무엇을 의미하는지 순간의 생각을 통해 '이해'해야 한다. '목적-인식-이해'를 반복하는 것이 대화에서 가장 중요한 과정이다.

그렇다면 순간의 생각은 말을 하는 쪽에 더 필요한 것일까? 물론 아니다. '나는 주로 이야기를 듣는 쪽이다'라고 자신 있게 말하는 사람에게도 순간의 생각은 굉장히 중요하다. 다른 사람들의 이야기를 듣긴 하지만 그 이야기와 상관없는 생각을 떠올리거나 대화의 주체로서 적극적으로 참여하려는 의지가 없다면 그건 순간의 생각을 안 하기 때문이다.

듣기는 엄청 잘하는데 도무지 말할 거리가 없는 사람도 순간의 생각을 안 하기 때문이라고 생각한다. 말할 거리가 없는 사람은 없다. 자신과 상대의 감정 상태를 이해한다면 말하고 싶은 것이 생기기 마련이다.

대화하면서 순간의 생각을 하려고 의식적으로 노력해 보

자. 이때 역시 기록을 활용하면 된다. 이 대화의 목적이 무엇인지, 상대의 감정이 어떨 것 같은지 키워드로 메모해 보자. 강하게 주장하고 싶은 감정이 불쑥 올라올 때도 그 감정에 대해 메모해 보자. 조금 더 객관적인 눈으로 자신의 생각을 바라보며 대화를 이어 나갈 수 있다.

공감과 배려 속에서 함께 쌓아 가는 대화는 서로를 성장시키는 것은 물론 책을 통해 얻는 지적인 만족감과는 또 다른 풍부한 성장 감각을 우리에게 선사한다. 생각과 기록을 통해 당신의 대화가 늘 풍요롭기를 진심으로 바란다.

7장

생각

"머릿속을 정리하고
아이디어를 터뜨려라."

11

기록이 쌓이면
아이디어가 된다

가끔 사람들은 나를 감탄스레 바라보며 말한다. "교수님은 어쩜 그렇게 아이디어가 많으신가요?" "일상에서 영감을 얻는 방법이 있나요?" 아마도 특별한 비법을 기대하며 질문하겠지만 사실 나도 좋은 아이디어가 샘솟는 비책이 따로 있는 것은 아니다. 그럼에도 나만의 노하우를 하나 말하자면 나는 '생각'을 정말 많이 한다.

당신은 '생각한다'라고 하면 어떤 이미지가 떠오르는가? 아마도 팔짱을 끼고 골몰하는 사람의 모습을 떠올릴 것이다. 아이디어를 떠올려야 할 때도 가만히 앉아서 아이디어가 찾아오길 한없이 기다리는 사람이 많다. 그러나 나에게 생각하는 사람을 떠올리라고 한다면 나는 펜을 손에 쥐고 무엇인가를 쓰고 있는 사람을 떠올릴 것이다.

영감이나 아이디어는 어느 날 갑자기 툭 떨어지는 것일까? 절대 그렇지 않다. 아이디어를 떠올린다는 것은 우리 안에 있는 생각을 밖으로 끄집어내는 작업이다. 나는 학자이지만 학자도 일종의 콘텐츠를 만드는 사람이기에 글감 노트를 따로 가지고 있다. 말 그대로 글감이 될 만한 것들을 따로 정리해 놓는 것이다. 그렇게 해 놓으면 글을 쓸 때나 유튜브 영상을 만들 때 굉장히 유용한 소스가 된다.

이것을 총칭해서 나는 '생각 기록'이라고 부르는데 창조적인 작업을 할 때 크게 도움이 된다. 갑자기 떠오른 어떤 생각을 기록할 뿐 아니라 콘텐츠를 개발하거나 상품을 개발하기 위해서도 기록할 수 있다.

생각하기를 포기하지 말 것

당신은 이렇게 말할 수도 있다. "저도 생각은 진짜 많이 하는데 그게 아이디어로 이어지진 않아요." 물론 모든 생각이 아이디어가 될 수 있는 것은 아니다. 그렇다고 아이디어로 이어지지 않은 생각의 시간이 전혀 쓸모없는 것도 아니다.

자, 새로운 상품을 만들어야 하는 상황이라고 해 보자. 시장에는 이미 비슷한 물건이 많이 나와 있으니까 차별성 있는 새로운 아이디어를 내고 싶다. 한 시간 동안 생각해 보지만 아무런 아이디어도 떠올리지 못했다. 그렇다면 그동안의 시간은 쓸데없는 시간이었을까? 아니다. 아무것도 떠올리지 못하는 이 시간도 반드시 필요하다. 다만 그냥 흘려버리지 말고 꼭 기록을 해야 한다.

절대로 답이 안 떠오르는 문제도 마찬가지다. 좀 생각해 보다가 '아이, 안 떠오르네.' 하고 덮어 버리면 마치 영어 단어를 실컷 외우고 다시는 거들떠보지 않는 것과 같다. 1시간 동안 안 풀린 문제를 10분 후에 다른 일을 시작할 때, 또는 회의 시간 직전에 또다시 들여다보라. 그러고 나면 자기 전에 문득 혹은 그다음 날 아침에 갑자기 새로운 실마리가 떠오를 가능성이 무척 커진다.

무엇인가를 생각해 내려면 지속적인 노력이 있어야 한다. 그리고 그 과정에서 기록은 필수다. 기록하는 행위 자체, 즉 펜촉의 촉감과 글씨를 쓸 때의 소리 등 모든 감각을 통해 '어떤 아이디어를 내야 하는지'에 관한 강렬한 이미지가 우리 안에 남게 된다. 기록은 아이디어를 내기 위한 사전 예열 작업이다.

물론 무작정 기록만 한다고 해서 기록이 아이디어를 던져 주지는 않는다. 기록이라는 사전 작업을 하며 그 이미지나 감각을 몸에 지닌 상태에서 우연성에 적극적으로 기대는 태도가 필요하다. 기록만 하면 모든 게 해결될 것이라는 답을 듣고 싶었던 사람들에게는 조금 실망스러울지 모르겠지만 내가 이야기하는 기록론에서는 '생각'이 무엇보다 중요하다. 막무가내로 기록한다고 해서 아이디어를 내는 데 도움이 될 리 만무하다.

새로운 환경을 만들어 줌으로써 우연성을 배가하는 것도 좋은 방법이다. 사람마다 효과가 있는 방법이 다를 수 있는데, 운동을 좋아하는 사람은 잠시 산책을 하거나 몸을 움직이는 것도 좋다. 나의 경우에는 가장 가까운 바다인 영종도 근처에 있는 솔밭에 가곤 한다. 그 솔밭을 걸으면서 생각을 정리하다 보면 아이디어가 떠오르곤 한다. 다른 일을 하다가 잠시 멈추고 생각을 떠올리는 것도 이와 같은 맥락이다.

아이디어 뱅크로 거듭나기

아이디어는 여러 가지 기록을 연상하고 종합할 때 본격적으로 떠오른다. 흩어진 조각들처럼 존재하는 기록들을 종합해 보자. '기록하는 행위 + 기록을 종합해서 연상하는 시간'을 얼마나 잘 활용하느냐에 따라 아이디어가 떠오를 가능성이 급격히 커질 것이다. 여기에 더해 당신을 아이디어 뱅크로 만들어 줄 두 가지 방법을 소개한다.

첫 번째는 무의식에 새기는 것이다. 먼저 당신이 떠올려야 하는 생각을 무의식 안에 깊이 담고 숙성시켜야 한다. 내가 자주 사용하는 방법이기도 한데, 한 가지 생각을 계속 머릿속에 담은 상태에서 잠이 들고, 일어나서 다시 그 생각을 품고 살다 보면 잠자면서도 아이디어가 떠오르게 된다.

두 번째는 몰입flow하는 것이다. 몰입의 대가 미하이 칙센트미하이 교수는 몰입을 하나의 흐름이라고 표현한다. 그는 미동도 하지 않은 채 10시간 이상을 책상에 앉아 집중하는 상태를 몰입이라고 보지 않는다. 진정한 몰입이란 한 가지 생각을 오랜 시간 이어서 하는 자연스럽고 리드미컬한 상태다.

아이디어를 떠올리기 위해 책상에 앉아 관련된 책을 읽다가, 일어나서 산책하며 읽은 내용을 되뇌어 보다가, 식사를 하면서 책의 내용과 자신이 떠올리려는 아이디어의 연관 관계를 생각해 보다가, 친구와 만나 어설프게 떠오른 아이디어에 대해 이야기를 나누다가, 집에 돌아와 또 그 아이디어에 대해 골똘히 생각하다가, 다시 산책을 하며 생각을 이어 가다가……. 이렇게 머릿속에서 생각의 반복과 지속이 자연스럽게 이뤄지는 상태가 바로 몰입이다.

기록을 통해 몰입의 효과를 극대화해 보자. 책을 읽으며 핵심 키워드를 메모하고, 산책을 하며 그 메모를 다시 생각하고, 주문한 식사가 나올 때까지 진전된 생각을 재차 메모하고, 친구와 대화가 끝나자마자 그 아이디어에 대해 새롭게 떠오른 생각을 메모하고, 집에 돌아와 책상에 앉아 그동안의 생각을 정리해서 노트에 적어 보라. 이런 상태를 며칠간 이어 가는데 어떻게 아이디어가 떠오르지 않을 수 있겠는가?

12

고민된다면
생각을 기록하라

앞서 아이디어를 떠올릴 때 생각을 끊임없이 이어 나가야 한다고 말했다. 같은 원리로 고민을 해결하는 실마리도 발견할 수 있다.

당신은 어떤 하나의 생각을 지속적으로 한 적이 있는가? 고민이 있을 때 두 시간 이상 쉬지 않고 고민한 적이 있는가? 아마 없을 것이다. 고민을 하다가도 배가 고프면 무엇을 먹을까 생각하고 그러다 다시 고민을 하고……. 사람들은 "나 하루 종일 고민만 했어"라고 말하지만 실은 줄곧 같은 생각을 오랜 시간 유지하는 사람은 거의 없다.

그런데 예외적으로 쉬지 않고 계속 생각을 이어 나가는 사람들이 있는데 바로 바둑 기사들이다. 이들은 몇 시간이고 계속되는 경기 내내 생각을 이어 나간다. 바둑 경기의 큰 흐름을 머리에 넣은 채 상대가 어떤 수를 쓸지 예측하고 각각의 수에 대응할 자신의 수에 대해 끊임없이 생각한다. 이처럼 생각을 연결하는 것, 다른 생각이 끼어들지 않도록 쭉 이어 가는 것, 이것을 '생각의 이음'이라고 한다.

생각의 이음을 통해 그 생각을 폭발적인 아이디어로, 고민에 대한 해답으로 무궁무진하게 발전시킬 수 있다. 즉 생각의 이음은 생각 근육을 키우는 가장 필수적인 능력이다.

생각을 잇는 방법에 대하여

우리가 무언가를 고민할 때 그 시간을 자세히 뜯어 보면, 30초 고민하다가 끊기고, 15초 고민하다 끊기고, 3초 고민하다 끊기고, 다시 20초 고민하다 끊기는 식이다. 그사이에 여러 가지 생각이나 이미지가 머릿속 세계에 복합적으로 삽입된다. 다음 글을 보자.

은빛 가루가 붙은 올리브 나무. 아늑하고 긴 낮 동안 붉은 기가 섞인 진한 보라색으로 익어 가면서. 올리브는 항아리 속에 담는다고 했던가? 나는 앤드루스 가게에서 산 것을 조금 가지고 있어. 몰리는 그것을 토해 냈었지. 지금은 그 맛을 알게 되었지만. 엷은 종이에 싸서 바구니에 담은 오렌지, 시트론도 마찬가지다. 그러고 보니 가엾은 시트론은 아직도 성 케빈 광장에 살고 있을까?

아마 이 글을 보고 "무슨 말을 하는지 모르겠어!"라고 말할 사람이 많을 것이다. 문법도 안 맞고, 내용도 뚝뚝 끊기고, 이야기가 자꾸 딴 데로 샌다. 하지만 놀랍게도 이 글은 최고의 명작이라 불리는 제임스 조이스의 『율리시스』중 일부다. 그리고 이런 전개 방식을 '의식의 흐름' 기법이라고 하는데, 인간의 정신 속에서 끊임없이 변하는 생각과 감각을 설명해 나가는 기법이다.

그래서 『율리시스』는 여느 소설과 달리 이야기가 시간순으로 전개되지 않는다. 마치 우리 머릿속 생각의 복합성을 글로 재현한 것과 같다. 이를 통해 조이스는 인간에게 인위적으로 주어진 시간순 배열의 비진실성을 밝힌다. 그에게는 시간 순서보다 복합적으로 떠오르는 생각들을 그대로 재현한 것이 훨씬 더 자연스러운 일인 것이다.

이처럼 우리의 생각은 어찌 보면 혼란스럽고, 심하게 말하면 엉망진창이지만 그 자체로 풍부하고 자연스럽다. 다만 고민을 해결할 때는 이런 생각의 특징이 전혀 도움이 되지 않는다. 문제 해결의 기본은 '논리성'이기 때문이다.

조이스식의 의식의 흐름은 논리성보다는 이미지성이나 재현성이 강하다. 그렇다면 이런 복잡다단한 생각의 특징에 논리성을 부여할 수 있는 최고의 수단은 뭘까? 당연히 기록이다.

고민을 하다 보면 이 생각 저 생각이 뒤섞이면서 이 고민이 애초에 왜 시작되었는지, 원인과 결과와 감정이 뒤죽박죽되어 점점 알 수 없어지는 수렁에 빠진다. 이렇다 보니 해결책을 떠올리기란 더더욱 어려워진다.

이제는 고민에 관련된 생각만을 뽑아 분류하고 기록하자. 두 시간 동안 가만히 앉아서 고민해도 해결되지 않던 문제가 집중해서 기록하면 30분 만에 풀리기도 하는 놀라운 순간을 경험할 수 있을 것이다.

13

무의식을 어떻게
기록하는가

당신은 스스로 고치고 싶은 습관이나 행동이 있는가? 60년 넘게 살아오면서 나에게도 고치고 싶은 면들이 많았다. 그때마다 습관을 바꾸거나 행동을 고치기 위해 부단히 노력해 왔다. '생각'이 얼마나 중요한지 깨닫게 되면서부터는 몸에 익은 행동을 바꾸고 싶다면 먼저 무의식을 들여다봐야 한다는 것도 알게 되었다.

우리의 행동 이면에는 무의식이 있고, 이 무의식을 기반으로 생각을 한다. 생각은 다시 행동으로 이어지고 행동하면 경험을 얻는다. 그 경험이 쌓여서 다시 무의식을 형성한다. 그러므로 자신이 왜 이런 생각을 하는지 궁금하거나 행동을 고치

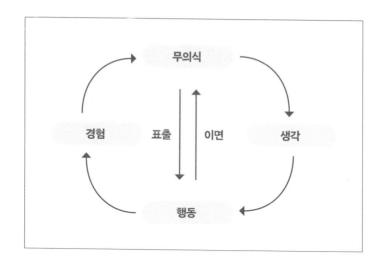

고 싶다면 무의식을 들여다봐야 하는 것이다.

무의식을 들여다보고 싶다면 무의식을 기록하라. 기록을 통해서 무의식을 완전히 밝혀내는 것은 어렵지만 그에 근접한 효과는 충분히 얻을 수 있다.

무의식을 어떻게 기록할 수 있을까? 바로 '지금의 상황', '나의 감정', '과거의 경험' 세 가지를 기록하면 된다.

내 이야기를 하자면, 나는 어릴 때부터 무엇인가를 시작하려고 하면 항상 두려운 마음이 앞서는 나쁜 습관이 있었다. 지금의 나를 아는 사람이라면 깜짝 놀라겠지만 한때는 두려움 때문에 많은 기회를 놓치고 살았다.

시험을 보기 전에도, 새로운 사람을 만나러 갈 때도, 이야기하거나 발표할 때도 그랬다. 마음속에 생긴 두려움은 무엇이든 과감하게 도전하는 것을 주저하게 만들었다. 특히 이런 성격은 고등학교 2학년 때까지 이어졌는데, 그때 내가 기록을 이용해 극복했던 방법을 소개한다.

무의식을 기록하면 생기는 일

우선 노트를 반으로 나눠서 한쪽에는 내가 두려움을 느끼는 상황에 대해서 적는다. 다른 한쪽에는 그것과 연관됐을 것 같은 과거의 기억들을 적는다.

내가 두려움을 느끼는 상황	상황과 연관된 과거의 기억, 마음

예를 들어 시험을 보기 일주일 전인데 벌써부터 가슴이 답답하고 두려움이 밀려온다. 시험공부를 시작해야 하는데 두려움에 매몰되어 손을 놓고 있다. 이 상황과 마음을 메모하는 것, 이것이 바로 마음을 들여다보는 것이다.

마음을 들여다봤더니 시험 결과가 잘 나오지 않을 것 같은 두려움이 있었고, 내가 시험을 잘 준비할 수 있을지에 대한 두려움도 있었다. 어쩌면 나에게는 애초에 시험을 잘 보려는 의지가 없어서 두려움을 합리화의 수단으로 이용한 것은 아닌지 의심도 된다. 내 마음이 과연 어느 쪽에 있는지 이렇게 자꾸 들여다보면서 발견하는 것이 첫 번째다.

내가 이런 방식으로 생각하게 된 데에는 과거의 어떤 경험들이 연관되어 있을 수 있다. 어릴 적 경험도 좋고 최근의 경험도 좋다. 어떤 경험이 나의 무의식 형성에 영향을 미쳤을지 가능성을 떠올린 다음에 그것을 메모하는 게 두 번째다.

세 번째는 조금 시간이 지난 다음에 해야 하는데 메모를 분류하는 것이다. 두려운 상황이 생길 때마다 메모하자. 메모가 쌓이면 그것을 ① 상황의 종류, ② 두려움의 종류, ③ 상황별 두려움의 원인이 된 과거 경험으로 분류해 보자. '아, 나의 이런 경험 때문에 부정적인 무의식이 생겼구나.' 하고 나름대로 문제를 진단해 볼 수 있게 된다. 그것이 완전한 정답은 아니지

만 스스로를 되돌아보는 계기를 만들어 주는 데는 아주 효과
적이다.

머릿속을 명료하게 만드는 방법

이 과정을 3개월 정도 반복한 결과 내가 시험을 두려워했
던 이유는 공부를 했음에도 점수가 나오지 않았을 때 스스로
에게 실망하게 되는 것이 무서웠기 때문이었다. 그동안은 잊
고 지내왔지만 중학교 1학년 때 이런 경험이 있었기에 그 감
정을 견디기 힘들었던 것이라 생각한다. 실패에 대한 두려움
이 몇 년 동안 무의식에 자리 잡고 있었던 것이다.

이를 스스로 깨닫게 되자 정신이 번쩍 들었다. 내 감정을 좀
더 객관적으로 볼 수 있게 되었다. 실패에 대한 두려움으로 시
작조차 하지 않는다는 것이 얼마나 비효율적이고 한심한 일
인지도 알게 되었다. 물론 두려움이 한 번에 사라진 것은 아니
지만 차차 나아진 것만은 분명하다.

당신도 충분히 할 수 있다. 생각이란 명료한 것이 아니다. 우
리 생각은 흐리멍덩할 때가 정말 많다. 상반되는 생각이 머릿
속에 동시에 있기도 하다. 그러므로 명확한 생각을 가지고 행

동하는 경우는 그다지 많지 않다는 점을 명심하자.

　당신의 머릿속이 복잡하다고 해서, 행동을 하기까지의 고민 시간이 길다고 해서 잘못된 것은 아니다. 시간이 조금 더 걸리더라도 생각을 기록하면서 좀 더 명료하게 만들어 나가면 된다. 생각을 천천히 들여다보고 그중에 가장 마음에 드는 것 또는 가장 합리적인 것을 골라라. 기록은 언제나 당신을 도와줄 것이다.

14

천재는
기록으로 이루어진다

대부분의 천재는 기록의 대가였다는 사실을 알고 있는가? 천재는 자기 안에 있는 것을 기록으로 만들어 내는 데 탁월한 사람이다. 유명하다 못해 식상한 에디슨의 말이 있다.

"천재는 99퍼센트의 노력과 1퍼센트의 영감으로 만들어진다."

에디슨의 이 말을 1퍼센트의 영감이 없으면 99퍼센트의 노력을 해도 소용없다는 뜻으로 이해하는 사람도 있겠지만 나는 이렇게 다시 강조하고 싶다. "99퍼센트 노력하면 1퍼센트의 영감도 얻을 수 있다." 에디슨 자신도 그런 노력을 통해 위대한 발명가가 될 수 있었다. 이 말을 다르게 표현하면 앞서 소개한 '양질전화量質轉化'라고 할 수 있다. 노력도 양이 많아지면 질적인 전화, 즉 변화가 온다는 이야기다.

이는 비단 개인에게만 해당하는 이야기가 아니다. 예를 들어 온라인 쇼핑몰은 좋은 상품을 많이 올리면 그중에서 히트 상품이 나올 확률이 커진다. 이것을 우리는 우연이라고 부르지만 그 우연조차 양의 집적으로 만들어진다. 마찬가지로 천재의 영감도 머릿속에 지식의 총량이 많이 쌓인 후에야 떠오를 수 있는 것이다.

역사상 가장 창의적인 인물 중 하나인 레오나르도 다빈치. 이탈리아 밀라노에 있는 암브로시아나 도서관에는 다빈치가 남긴 1119쪽짜리 기록인 『코덱스 아틀란티쿠스』가 보관되어 있다. 이 노트에는 아이디어 스케치를 비롯해 여러 가지 글과 발명품의 설계도, 심지어 요리법까지 담겨 있다. 이를 제외하고도 그가 살아 있을 때 남긴 노트의 분량은 대략 1만 4000쪽에 가깝다고 한다.

아이작 뉴턴 역시 많은 기록을 남겼다. 편지와 원고, 메모 등이 포함된 그의 기록물은 2017년 유네스코 문화유산으로 지정되었다. 그 기록을 통해 우리는 그가 만유인력을 비롯한 위대한 연구 아이디어들을 어떤 식으로 수정하고 발전시켰는지 확인할 수 있다. 그뿐 아니라 뉴턴은 수학, 과학, 인문학 등 다양한 분야에 관한 책도 많이 남겼다.

이들은 생각을 기록했고, 기록을 통해 아이디어를 발전시켰다. 수백 년이 지난 지금도 우리가 이들의 이름과 업적을 알 수 있는 이유는 바로 기록으로 남아 있기 때문이다. 이 기록을 통해 우리는 이들의 뇌 속을 단편적으로나마 들여다볼 기회를 얻는다.

기록형 천재 전략가의 일기

역사에 이름을 남긴 수많은 천재들의 기록이 있지만 개인 기록의 최고는 역시 고전 중의 고전, 이순신 장군의 『난중일기』다. 『난중일기』에는 내가 당신에게 권하고 싶은 기록의 본질이 담겨 있다. 그는 삶에 필요한 여러 기술들을 일기라는 형태로 종합해 서술한 기록의 달인이었다.

그는 임진왜란이 발생한 1592년부터 2차 전쟁이 끝나는 1598년까지 7년간 일기를 썼다. 꾸준히 지속해야만 제대로 된 기록을 할 수 있다는 기록의 원칙을 이미 430여 년 전부터 실천하고 있었던 셈이다.

그의 일기에는 일상, 일, 대화가 기록되어 있다. 그가 불굴의 의지로 난관을 극복해 가며 다시 일어설 수 있었던 까닭은 모든 것을 일기 형태로 기록하며 자신을 체계적으로 관리하고 경영해 왔기 때문이었으리라 생각한다. 병영의 운영에서 최고의 전략을 이끌어 낼 수 있었던 것 역시 기록의 힘이었으리라.

특히 이순신 장군의 일기에는 세 가지가 주요하게 담겨 있다. 첫째로, 업무에 대해 정말 세세하게 작성했는데, 군영 운영의 실무를 맡았던 아전들의 이야기, 그들을 단속한 사례 등이 『난중일기』의 앞부분부터 다수 등장한다.

병사들을 통솔하고 또 그들의 일상을 보살핌과 동시에 엄한 군율로 다스리는 장면 등도 아주 생생하게 서술하고 있다. 개를 잡아먹은 병사에게 곤장형을 집행한 이야기는 사소한 것 하나도 놓치지 않고 얼마나 꼼꼼하게 기록했는지를 잘 보여 준다. 활쏘기 시합, 씨름 등을 묘사한 대목은 전장의 실제 일상을 전해 주는 아주 소중한 기록이기도 하다.

둘째로, 『난중일기』에 담겨 있는 또 다른 중요한 기록 유형은 회의 기록이다. 이순신 장군은 작전회의에서 어떤 내용이 논의되었는지를 일기에 남겼는데 그가 전략가로서 남다른 천재성을 발휘한 것은 이런 기록 습관과 관련이 있다.

회의를 기록으로 남김으로써 앞에 닥친 문제의 핵심을 꿰뚫고 회의의 결론을 반추해 앞으로의 계획에 반영하는 일련의 과정을 일상적으로 유지해 온 것이다.

셋째로, 사람에 대한 기록 역시 풍부히 담겨 있다. 이순신 장군은 일기를 통해 영의정 류성룡, 도원수 권율, 경상 우수사 원균 그리고 임금인 선조에 대해 다양한 이야기를 남기고 있다. 대화 기록의 본질을 보여 준 것이라 할 만하다.

이 외에도 가족에 대한 이야기, 잔병치레를 포함한 개인의 고통에 대한 심경, 자신은 늘 불행하다는 일종의 강박적 감정과 한탄 등을 적으며 자신을 솔직히 드러내기도 했다. 이순신 장군에게 기록은 전략의 도구이기도 했지만 자신을 있는 그대로 들여다보고 질타하기도, 위무하기도 하는 거울 같은 역할을 했던 것이다.

이순신 장군은 기록형 전략가였다. 그의 일기는 한계를 뛰어넘고 삶을 단단하게 만드는 데 기록이 얼마나 큰 영향을 미치는지 알려 주는 귀중한 유산이자 교훈이다. 당신의 삶에도 기록이 굳게 자리 잡기를 바란다.

8장

일상

"내 인생의
주인으로 살아가라."

15

신기루가 아닌
진짜 삶에 집중하라

지금까지 공부, 대화, 생각을 기록하는 방법을 살펴봤다. 나는 이 세 가지를 광의의 지식 기록이라고 부른다. 지식을 쌓기 위한 발판이 되기 때문이다. 그러나 지식만 있다고 성장할 수 있는 것은 아니다. 지식을 잘 활용할 수 있는 마인드를 갖춰야 하는데 이는 경험을 기록하면서 쌓아 나갈 수 있다.

경험 기록은 크게 일상 기록과 일 기록으로 나뉜다. 특히 일상 기록은 살아가면서 겪는 일들을 기록으로 남기는 것이다. 일상을 기록하라고 하면 뭔가 이벤트가 있거나 특별한 하루를 보내야만 한다고 생각하지만 그렇지 않다. 우리 삶의 대부분은 별일 없는 나날의 연속이다. 그런 날들을 그냥 흘려보내면서 산다면 우리 내면은 텅 비게 될 것이다.

당신에게 묻고 싶다. 당신의 내면은 무엇으로 채워져 있는가? 보통 우리는 비어 있는 내면에 미디어 속 신기루를 주입하면서 살아간다. 나도 드라마를 즐겨 보지만 미디어에 비치는 허상을 늘 경계하고자 노력한다. 미디어 속의 화려한 삶을 보고 있자면 그 신기루가 마치 손에 닿을 듯하다. 그 모습을 현실의 나와 비교하다가 결국엔 나는 아무리 노력해도 안 된다며 체념하고 스스로를 깎아내리게 된다.

당신은 신기루 속에서 살고 싶은가? 미디어와 SNS에 현혹되어 자신의 가능성을 포기하고 싶은가? 지금부터라도 당신의 일상을 기록하라. 기록을 통해 일상을 정돈하고 삶을 체계적으로 꾸려 나가길 바란다. 일상의 사소한 것을 기록하는 과정을 통해 우리는 진정한 삶의 의미를 찾을 수 있다.

예컨대 집 청소를 한다고 가정해 보자. 청소를 하다가도 번뜩이는 아이디어가 떠오를 수 있고 기가 막힌 노하우를 발견할 수도 있다. 언제 어디에서 무엇이 발견될지 모른다. 이처럼 기록하는 사람에게 일상이란 숨겨진 가능성을 발견할 수 있는 작은 기회들의 연속이다.

일상을 기록하면 평소에 아무 생각 없이 하던 일들, 예를 들어 식사를 준비하고 집을 청소하고 분리수거를 하는 일에도 의미가 부여된다. 아무런 의미도 가치도 없다고 폄하하던 일들에서 새로운 가치를 발견할 수 있게 되는 것이다.

특별할 것 없는 일상을 기록하는 이유

일상에서 무엇이 중요한지 파악하려면 자신을 부감俯瞰하듯이 들여다봐야 한다. 영화를 볼 때 카메라가 인물의 머리 위에서 내려다보며 찍은 장면을 볼 수 있는데, 그것이 바로 부감이다. 만약 소설이라면 전지적 작가 시점으로 자신의 일상을 보는 것이다.

내 머리 위에 나의 의식이 있다고 생각하고 자신을 들여다보자. 이때의 나 자신을 '내면 아이'라고 부른다. 실제로 나도 기록을 할 때 나의 내면 아이를 보고자 노력한다. 일상을 적기에 앞서 타자의 관점에서 '아침에 내가 뭐 했지'라고 생각해보는 것이다. 심지어는 마치 남을 대하듯 '익한이가 아침에 뭘 했지'라고 표현하기도 한다.

조금은 낯간지러울 수 있지만 이렇게 자신을 호칭하며 기록하면 주변 환경까지 시야가 확장되면서 객관적으로 볼 수 있다. 그리고 이를 반복하다 보면 그 이미지가 조금 더 명확해지는 걸 느낄 수 있는데, 이것을 '장면scene 기록'이라고 한다.

기록은 크게 서사 기록과 장면 기록으로 나눌 수 있다. 서사 기록은 말 그대로 이야기의 내용을 쓰는 것이고, 장면 기록은 시간대별로 진행되는 어떤 일이나 사건의 장면을 떠올리고 그 장면에 대한 키워드를 기록하는 것이다.

나의 하루를 있는 그대로 단어로 옮겨 적어 보자. 정말 아무 일도 하지 않고 누워만 있었다면 몇 시부터 몇 시까지 어느 장소에서 어떻게 아무것도 하지 않고 있었는지 한 줄 정도로 기록해 두면 된다.

앞서 강조했다시피 나는 기록을 할 때 시간 효율을 중시하므로 육하원칙에 따라 상세하게 기록하는 것은 권하지 않는다. 다음과 같이 이렇게 짧게 키워드만 쓰는 게 좋다.

9시 반	커피 + 클래식 음악
10시	부족한 아침잠 보충
11시	책 읽기
11시 반	유튜브 시청
12시	점심 식사

직장인도 마찬가지다.

9시 반	과장 짜증, 팸플릿 조사
11시	오전 회의
12시	점심 식사

주부도 자신이 한 일과 시간을 간단하게 쓰면 된다.

8시 반	모두 출근 만세
9시 10분	울화통이 터졌지만 설거지 완료
10시	청소
11시	수필집 30쪽 읽음

'만세', '울화통' 같은 감정 표현을 함께 써도 된다. 오전뿐만 아니라 오후에도 쓰고 저녁에도 쓰고 자기 전에도 쓰는 것이다.

기록하라고 하면 잘 쓰고 싶어 어깨에 힘이 들어가는 사람이 많다. 하지만 잘 쓰고 싶다는 생각이 들면 한 자도 못 쓰게 된다. 그래서 나는 어미를 쓰지 말라고 조언한다. 문장을 완성하지 않아도 된다고 생각하면 마음이 가벼워지기 때문이다. '아이들이 등교함', '아내 출근'처럼 굳이 문장을 끝맺지 않아도 괜찮다. 그래야 잘 쓰려는 욕심을 버릴 수 있다. 글의 수준보다는 우선 기록을 한다는 데 의의를 두자. 꼭 블로그나 SNS 에 올리지 않아도, 미완성의 글이라도 쓰기만 하면 반드시 도움이 된다.

나는 누구인가. 여태까지 살아온 내가 바로 나다. 현재의 나를 만드는 건 과거에 내가 했던 행동들이다. 장면 기록은 나다움을 찾는 첫걸음이다. 회상을 통해 떠오른 장면이 앞으로의 삶을 잘 살아가도록 도와줄 것이다.

16

아침에는 꿈을 적고,
밤에는 과거를 적어라

"난 이타성의 자기계발을 하는 10만 네트워크의 운영자다."

이 말은 다이어리 첫 장에 확언처럼 적어 놓은 나의 목표다. 이 목표를 중심으로 나는 매일 내가 해야 할 일들을 기록한다. 이 계획에는 나의 과거와 현재, 그리고 미래가 모두 담겨 있다. 성장과 성취를 이끌어 내기 위해서 어제와 그제에 있었던 일부터 오늘과 미래에 이루어질 일까지 하나의 연속선상에 존재하게끔 기록한다. 그 연속선상에서 자연스럽게 흘러갈 것들을 관리하는 것이 바로 계획의 본질이다.

사는 동안 이것만은 꼭 해야겠다고 다짐한 것이 있는가? 당신의 다짐은 미래의 것이지만 그것을 이루기 위해서는 언제

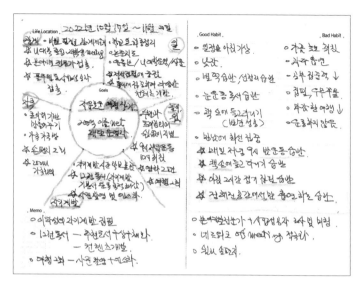

나의 계획에는 언제나 꿈이 포함되어 있다.

나 꿈을 현재로 가져와야 한다. 좀 더 쉽게 말하자면 자기가 정말 하고 싶은 게 있다면 그 일과 연관된 것을 의식적으로 하루 계획에 끼워 넣으라는 것이다. 30분도 좋고 10분도 좋으니 조금씩 일과에 넣어 보자.

현재의 직업이나 자산, 실력과 상관없이 꿈과 관련된 행동을 3년 동안 매일 하나씩 하면 인생이 달라진다. 매일 아침 꿈과 관련된 일을 다이어리에 쓴 다음 그것을 실행하고, 실행한 과정을 기록하고, 하루가 끝날 때 상기함으로써 한 걸음 한 걸음 꿈에 다가가는 것이다.

나의 경우에는 전 세계를 돌아다니는 자유로운 여행 작가가 되고 싶다는 꿈이 있다. 매일 아침 일어나면 꿈부터 떠올린다. 단 하루라도 이 꿈을 잊은 적이 없다. 그리고 여행하고 싶은 장소를 인터넷에서 검색하는 일을 일과에 넣는다. 여행 장소를 검색하는 일은 어렵지도 않고 시간이 오래 걸리지도 않는다. 그럼에도 이 작고 간단한 행위가 나에게 주는 의미는 정말 크다.

당신도 지금부터 아침에 일어나 꿈과 관련된 것 하나를 떠올려라. 어떤 것이라도 좋다. 내 인생의 꿈을 위해 하루에 한 가지씩 머릿속에 각인해 두자.

과거를 현재로 불러오는 경험

이제 하루가 끝나고 잠들 시간이 되었다. 자기 전에는 오늘 기록한 내용을 보면서 하루를 되뇌어 본다. 3~5분이면 충분하다.

사실 하루 계획도 아침에 세우는 것보다는 전날 밤에 간단히 메모하는 게 좋다. 왜냐하면 계획을 세우기 위해서는 하루를 돌아볼 수밖에 없기 때문이다. 하루 종일 메모해 놓은 것을 들춰 보면서 오늘은 무엇을 했고 내일은 무엇을 할지, 또 그다음 날은 무엇을 하면 좋을지 연속적으로 그려 볼 수 있다. '내일은 이것과 저것을 하고……. 이 일에 집중하면 되겠다'는 식으로 말이다. 자기 전에 단 5분 동안 생각하는 것이야말로 기억을 응축시키는 작업이다.

마르셀 프루스트의 『잃어버린 시간을 찾아서』는 과거의 기억에 대해 탁월하게 묘사한 소설이다. 주인공 '나'가 홍차에 적신 마들렌을 맛보다가 옛 기억의 이미지가 눈앞에 펼쳐지는 경험을 마주하는 장면이 나오는데, '나'는 입에 넣은 마들렌의 맛이 어린 시절 먹었던 맛과 같다는 걸 느끼며 과거의 시공간을 선명하게 회상한다. 이 소설에서는 이처럼 냄새나 소리 등을 통해 과거의 기억이 떠오르는 장면이 자주 등장한다. 그래서 어떤 향기를 맡고 기억을 되살리는 현상을 심리학에서는 '프루스트 효과'라고 부른다.

과거의 경험이 현재로 되살아날 때 새로운 차원의 감각이 만들어진다. 그리고 우리 머릿속에 얼마나 많은 이미지가 저장되어 있고 서로 어떻게 융합되느냐에 따라 과거는 생생한 현재로 되살아난다.

모든 게 빠르게 흘러가는 사회에서 우리는 언제나 현재와 미래를 살아가야 한다고 강요받지만, 우리의 삶은 과거가 있었기에 가능하다. 기록은 과거의 반성이자 현재의 발견, 그리고 미래를 향한 다짐이다. 바꾸어 말하면 과거와 현재, 미래를 어떻게 기록하느냐에 따라 삶은 달라지게 된다. 나는 여러분이 변화의 기회를 놓치지 않길 진심으로 바란다.

17

오늘을 기록하면
팔리는 콘텐츠가 된다

누구나 자신만의 콘텐츠를 만들고 미디어를 운영할 수 있는 세상이다. 당신은 당신만의 콘텐츠를 가지고 있는가? 차별성 있는 멋진 콘텐츠를 만들고 싶은데 잘 안된다면 그것은 당신만의 '소재'가 적기 때문일 가능성이 크다.

나 또한 유튜브 채널을 운영하고 콘텐츠를 만들어 내는 사람으로서 소재의 중요성을 잘 알고 있다. 그리고 가장 쉽게 소재를 만드는 방법은 바로 일상을 기록하는 것이란 사실을 당신에게 알려 주고 싶다.

단언컨대 일상 기록은 콘텐츠의 보고다. 아침에 일어나서 밤에 잠이 들 때까지 당신의 일상은 어떤가? 이렇게 물으면 많은 사람이 "제 일상은 아주 지루해요, 매일 같은 일만 계속하는걸요"라고 말한다. 정말 그럴까? 사실 우리 일상은 아주 다채롭다. 동일한 일을 계속하더라도 그 사이사이에는 굉장히 다양한 생각과 풍경과 느낌이 펼쳐진다. 우리가 그것들을 무시하고 흘려보내는 것뿐이다.

예를 들어 점심시간이 되었다. 내가 오전에 무엇을 했는지 떠올리면서 적어 본다면 생각이 잘 안 날 것이다. 몇 시간 지나지도 않았는데 말이다. 그런데 이 작업을 매일 반복하다 보면 마치 영화를 보듯이 오전의 내 모습이 아주 구체적으로 그려지는 경지에 이르게 된다. 기존에는 보이지 않던 소재나 영감, 에피소드가 보이기 시작하는 것이다.

출근길 버스 안에서 창밖으로 봤던 사물이나 풍경이 몸에 새겨지고, 회사 정문으로 들어오는데 오른쪽에 있던 조형물의 위치가 바뀐 것도 눈에 보인다.

이처럼 나의 지난 시간을 떠올리는 건 일상 속에서 새로운 감각을 발견하는 일이다. 일상을 기록하고 그 기록을 반추하는 작업, 이것을 통해 우리는 매일 새로운 자극을 얻고 좋은 아이디어를 찾아낼 수 있다. 바로 콘텐츠가 풍부한 사람이 되는 것이다. 지금부터 당신의 일상을 다음과 같이 기록해 보자.

1. 작은 이야기를 기록하라

에피소드라고 해서 아주 놀랍거나 재미있는 일만을 말하는 게 아니다. 우리가 기록하는 건 지극히 일상적인 하루니까 말이다. 아주 사소한 것이라도 좋으니 일상에서 일어났던 작은 이야기를 기록해 보자. 꼭 내가 주체가 되는 사건이 아니어도 괜찮다.

예를 들어 이른 아침에 버스를 타고 가다가 어떤 할머니가 장바구니를 들고 있는 것을 봤다. 그 할머니가 얼마나 성실한 삶을 살아가고 있는지 느껴졌다. 어디를 다녀오는 것인지, 장바구니에는 무엇이 담겨 있는지 상상해 보라. 이 또한 나의 '상상 에피소드'다. 이처럼 간단한 사실을 메모하고 그 사실에서 연상되는 것을 적어 보라.

2. 감정을 기록하라

별것 아닌 일에도 우리는 다양한 감정을 품을 수 있다. 그런데 그것을 구체적으로 뜯어보지 않고 "짜증 나", "웃기네" 등의 말로 뭉뚱그려서 흘려버리고 만다. 내가 지금 느끼는 감정이 어떤 것인지 들여다보라. 복합적이고 다채로운 모습을 띠고 있을 것이다.

예를 들어 상사가 업무를 지시했는데 너무 장황하기만 하고 도무지 요점을 파악할 수 없었다. 이런 경험을 했다면 당신은 당연히 화가 났을 것이다. 그렇다면 구체적인 상황과 감정을 메모하라. 단순히 화가 났는가? 아니면 상사에 대한 원망이나 한심함 등이 뒤섞였는가?

3. 감각을 기록하라

감각은 가장 놓치기 쉬운 부분이지만 내가 가장 강조하는 기록 요소이기도 하다. 대부분 정보와 사실, 기억을 기록하는 것에는 익숙하지만 감각을 기록하는 것은 어려워한다. 감각을 적는 것은 생각보다 쉽다.

예를 들어 아침에 출근하려고 나왔는데 집 앞에 있는 나무의 잎사귀가 오늘따라 유난히 반짝반짝 빛나면서 파란 하늘과 너무나 잘 어울렸다. 이게 바로 감각이다. 오늘 책을 틈틈이 봤는데 그 책의 저자와 대화하는 느낌이 확 들었다. 이것도 감각이다. 이런 지점을 기록하면 된다.

오늘을 다시 살펴보면 그 안에서 아주 많은 콘텐츠를 발견할 수 있다. 하루에 하나씩 SNS에 올린다고 계획했다면 그중에서 뭘 올릴지 골라야 할 정도로 소재가 풍부해질 것이다. 당장 오늘부터 시작하라. 콘텐츠는 쌓일수록 빛을 발한다.

18

기록형 인간의
다이어리 사용법

기록학자인 내가 가장 많이 받는 질문은 단연 다이어리를 어떻게 써야 하는가에 대한 것이다. 일상을 좀 더 체계적이고 적극적으로 살고 싶은 마음에 다이어리를 활용하는 사람이 굉장히 많다. 당신은 다이어리를 쓰고 있는가? 주변을 둘러보면 다이어리에 하루 계획을 거의 한 시간 단위로 빼곡하게 썼는데 그대로 실행한 적은 한 번도 없다는 사람들이 있다. 그렇다면 다이어리 쓰는 방법을 바꿔 보길 바란다.

기록하는 것이 직업인 나는 오전, 오후, 저녁으로 나누어 다이어리를 쓴다. 시간을 구체적으로 쓰지는 않고 오전에 할 일, 오후에 할 일, 저녁에 할 일을 단순하게 나열한다. 업무뿐만이 아니라 취미에 대해서 쓰는 경우도 많다. 하루가 일로만 가득 차면 사는 재미가 없기 때문이다. 다이어리는 너무 조밀하게 쓰면 안 된다. 그저 그날 해야 할 일만 빠뜨리지 않고 메모하면 된다. 이쯤 되면 모두 알 것이다.

"기록은 핵심만 간단하게!"

하루 속에서 핵심 일정을 정하라

오늘 할 일 중에서 가장 중요한 일정을 하나 선택하라. 어렵게 생각하지 말고 마음 가는 대로 선택해 보자. 오늘 회의가 있는데 그 회의에서 내 의견을 조리 있게 이야기하는 걸 선택할 수도 있다. 꼭 회사 일이 아니어도 된다. 오후에 서점에 가서 책을 보는 게 즐거움이라면 그걸 가장 중요한 핵심 일정으로 정해도 된다.

일상에서 핵심을 세우지 않으면 우리는 흐리멍덩하고 느슨한 상태로 하루를 보내게 된다. 반면 핵심 하나가 바로 서 있으면 그 일정을 중심으로 하루를 보내게 되므로 나머지 일들은 자연스럽게 정리될 수 있다.

이렇게 이야기하면 어떤 사람은 "계획은 저를 너무 속박해요"라고 말한다. 계획을 짤 때는 반드시 여유 공간을 둬야 한다. 너무 빡빡하게 계획하면 당연히 자유를 제한하는 느낌이 든다. 그러나 계획 안에 자유가 있다는 걸 명심하자.

나는 매일 아침 다이어리를 꺼내 그날 하루에 대한 큰 틀의 계획을 짠다. 이때 1시간 30분에서 2시간 정도의 여유 시간을 넣는다. 일종의 버퍼 시간을 두는 것이다. 그러면 시간 변경도 어느 정도 가능해지고 늦어진 일도 그 여유 시간에 해결할 수 있다.

이에 더해 나만을 위한 자유 시간도 계획에 넣어 보자. 예를 들어 오늘의 계획을 짤 때 '한강에 가서 1시간 30분 동안 음악 듣기'라고 써 넣을 수 있다. 계획 안에서 더 적극적으로 자유를 찾을 수 있는 것이다.

경영학에서 많이 쓰는 용어로 CSFCritical Success Factors라는 말이 있다. 즉 어떤 일을 해내는 데에 '핵심 성공 요인'이 있다는 것이다. 앞으로는 계획과 함께 CSF도 함께 적어 보자. 예를 들어 '오전에 있는 회의를 잘 진행해야지'라고 계획할 수 있다. 이렇게 할 일을 쓴 뒤에 옆에 '회의를 성공적으로 하기 위해서는 우선 팀원들 의견을 잘 들어야 한다'라고, 계획을 성공시키기 위한 방법을 쓰는 것이다.

이 방식은 당신의 일상을 전략적이고 효율적으로 만들어 줄 수 있다. 그저 하루의 일과를 다이어리에 옮겨 적는 것과는 천양지차. 다만 한 가지 당부하고 싶은 건 단지 하루를 체계적으로 보내기 위해서 다이어리를 쓰는 것은 아니라는 점이다.

플래너를 쓰는 궁극적인 목적은 내 하루를 연상해 보기 위함이다. 아직 하지 않은 일을 미리 머릿속으로 떠올려 보는 것이다. 내가 나 자신을 상상한다는 것은 나 자신을 끊임없이 생각하고 만난다는 의미다. 이것은 내가 앞서 강조한 나다운 삶을 사는 데도 큰 도움이 된다.

앞서 소개한 내 삶의 핵심(꿈)과 오늘 하루의 핵심(일정), 이 두 가지를 매일 아침 놓치지 말고 챙기자. 나는 이런 루틴에 익숙해져서 기록으로 하루를 시작하지 않으면 오히려 마음이 불편하다. 하루를 계획하면 나에게 주어진 시간을 기쁘고 긍정적으로 맞이할 수 있다. 물론 때로는 계획대로 풀리는 일이 전혀 없는 날도 있다. 하지만 다음 날 새롭게 다시 시도해 보면 된다. 새로운 하루는 늘 찾아오기 마련이다. 기록의 루틴이 잡힌 사람은 쉽게 흔들리지 않는다.

9장

일

"반드시 성공하는
사람이 되어라."

19

유능해지고 싶다면
일을 기록하라

일을 하는 사람이라면 누구나 기록을 한다. 일을 기록하는 대표적인 방법은 업무 수첩을 쓰는 것이다. 나의 경우에는 업무 수첩을 따로 쓸 만한 성격의 일을 하는 것은 아니기 때문에 하나의 노트에 일에 관련된 것은 물론이고 책을 읽고 나서 요약한 내용이나 유튜브 영상을 보고 느낀 부분까지 모두 기록한다.

일의 성격에 따라 다양한 방식으로 업무 수첩을 쓸 수 있지만 단 한 가지 원칙만 말하자면, '조금 쓴다'이다. 이 원칙만 지켜도 업무의 많은 부분이 수월해진다. 열정 가득한 신입사원이 열심히 일하려는 마음에 두 시간 근무하고 업무 수첩을 일을 기록할 때는 자신의 '생각'이 담겨야 한다. 나는 업무 계획과 일에 대한 단상, 고민을 함께 기록한다.

3장이나 빽빽하게 썼다고 생각해 보라. 마음은 기특하지만 그는 자신의 업무 중에 뭐가 중요한지 몰랐을 가능성이 크다. 맹목적으로 기록한다고 해서 일을 잘할 수 있는 게 아니다. 실컷 기록하고 나서도 핵심을 전혀 파악하지 못하는 사람도 있다. 기록의 효과를 보지 못하는 셈이다.

일을 기록하는 행위의 핵심은 결국 '어떻게 하면 일을 잘할 수 있을까'를 스스로 많이 생각해 보는 것이다. 이것저것 고민해 보고, 그래도 해결이 안 되면 사수에게 질문해 보자.

"이 문제는 이렇게 해결한 사례가 있고 저 사항은 저렇게 처리하면 될 것 같은데 지금 진행하는 건은 잘 모르겠습니다. 어떻게 생각하세요?"

이렇게 질문한다면 사수도 하나라도 더 가르쳐 주고 싶은 마음이 생길 것이다. 반면 아무것도 생각하지 않고 "이건 어떻게 하나요?"라고 사사건건 물어본다면 아무리 신입사원이라도 모든 걸 매번 알려 줄 마음이 생기지 않는다.

결국 일에서도 무엇보다 먼저 자기중심이 서 있어야 한다. 일 기록의 핵심은 '생각'이라는 점을 명심하자. 일터에서 보거나 들은 것을 자기 것으로 만들려면 꾸준히 고민하고 생각해야 한다. 핵심만을 기록하라는 말은 생각의 과정을 거치라는 의미다.

회의의 맥락을 기록하라

일을 기록하는 또 다른 예는 '회의록'이다. 보통 회의록은 무조건 자세히 쓰는 경향이 있는데 이는 잘 쓴 회의록이라고 할 수 없다. 당신이 두세 시간씩 걸려서 회의록을 쓴다면 이건 기록 습관이 잘못된 것이다. 그렇다면 어떻게 써야 회의록을 잘 쓰는 것일까? 또 어디까지 자세히 써야 하는 걸까?

대화에는 관계적 대화와 내용적 대화가 있다. 회의에서 상대방이 열정적으로 대화에 임한다든가, 성과를 내려는 의지를 서로 확인한다든가 하는 등 느낌이나 보이지 않는 메시지를 담는 걸 관계적 대화라고 한다. 내용적 대화는 관계적 대화에 영향을 받기 때문에 서로 다르게 받아들여질 수 있다. 회의에서 같은 얘기를 해도 받아들이는 사람에 따라 내용이 달라지는 건 이 때문이다. 그러므로 회의록을 상세히 쓰면 쓸수록 참석자들이 동의하지 않거나 서로 다른 평가를 내릴 확률이 커진다.

회의록을 쓸 때는 너무 자세히 쓰는 건 삼가자. 회의를 녹음한 다음 그것을 듣고 정리하기도 하는데 상당히 비효율적이다. 녹음을 해서 중요한 부분만 다시 듣고 기록하는 건 괜찮지만 회의에 집중했다면 굳이 녹음본을 처음부터 다시 들을 필요가 없다. 맥락을 파악하고 핵심 포인트가 되는 부분을 키워드로 정리하면 된다.

간혹 참석자들이 횡설수설하며 회의가 삐걱삐걱 진행되는 경우도 있다. 그런 회의의 맥락을 잡아 주는 게 진짜 의미 있는 회의록이다. 맥락을 체계적으로 잡기 위해서는 반드시 '차례'가 필요하다. 차례를 통해 회의의 내용을 구조화하고 다음과 같이 키워드 위주로 간단하게 정리해 보자.

제목: 00회의 / 날짜: 2023년 7월 1일 / 작성: 김익한

- 신제품 출시 로드맵
  - 소비자 품평회 일정 확정
  - 보도자료 배포 및 기자 간담회 계획

- 신제품 마케팅 방안 논의
  - SNS 마케팅 성공 사례 수집
  - 온라인 마케팅 계획안 작성

이렇게 구조화해서 정리하고 핵심이 되는 사항은 강조해서 서술하거나 별도로 표시해 준다. 이에 더해 회의에서 구체적 제안들이 나왔다면 그에 대해서도 명확히 기록하라. 회의록에서 제일 중요한 건 회의의 핵심 안건과 그 회의를 통해 확실하게 결정된 사안들이다. 결정된 사안들은 마지막에 반드시 재정리해야 한다는 점도 명심하자.

20

상사의 지시를
메모하는 법

사원 A는 팀장한테 불려가 지시를 받았다. 상사가 설명하는 업무를 열심히 수첩에 받아 적었다. 한마디도 놓치지 않으려고 신경을 집중했다. 이제 이야기가 끝나서 자리에 돌아왔다. 자, 일을 시작해 볼까. 사원 A는 뿌듯한 마음이 들었다.

당신이 보기에 사원 A는 일을 잘하는 유능한 직원인가? 물론 일을 열심히 하는 직원은 맞다. 하지만 기록의 핵심을 아는 사람이라면 이럴 때 조금 다르게 행동할 것이다. 메모의 기법 면에서 살펴보면 상사가 이야기를 할 때 두 가지를 적을 수 있다. 우선 상사가 무엇을 지시하는지 잘 듣고 내가 해야 할 업무의 내용과 최종 산출물을 정확히 메모한다. 이것은 밖에서 안으로 인풋input되는 가장 기본적인 정보다. 보통은 이 정보를 메모하는 데서 끝내겠지만 놓치지 말아야 할 것은 두 번째다.

두 번째는 말하는 사람의 본래 의도를 생각해 보는 것이다. 최종적으로 나한테 원하는 것이 무엇인지, 말로 표현된 것 너머에 있는 상사의 속마음이다. 그저 받아쓰려고만 하면 명확한 최종 목표치가 무엇인지 또는 그것을 지시하는 속뜻이나 의도, 그가 바라는 결과물의 핵심을 놓치게 될 가능성이 크다.

상사가 자신의 의도를 말로 명확히 표현해 준다면 다행이다. 하지만 상사가 그런 사람이기만을 바랄 수는 없다. 직장 생활을 해본 사람이라면 알 것이다. 본래 의도와 다른 말을 하는 사람이 정말 많다. 꼭 의도를 숨기려고 그러는 것이 아니라 그저 말 습관일 수도 있고, 그날 감정 상태에 영향을 받을 수도 있다.

좋은 뜻이든 나쁜 뜻이든 상대방에게는 숨은 의도가 있을 수 있다. 알아서 하라고 말하면서도 '이렇게 해 오면 참 좋겠는데……' 하는 바람을 가졌을 수도 있다.

상대방의 말을 잘 들어 보면 그 의도가 보인다. 다만 그것을 알아차리려면 엄청난 집중력이 필요할뿐더러 평상시에 그 사람의 성격이나 말버릇 등에 대한 배경지식이 있어야 한다. 그렇기 때문에 이때 우리가 해야 할 일은, 상사의 지시에서 의도를 파악하는 것이다.

요약하고 분류하면 보이는 것

다시 앞의 사례로 가 보자. 사원 A는 상사의 지시를 듣고 자리로 돌아왔다. 일을 시작하기에 앞서 내 안에 있는 잠재성을 밖으로 표출할 순서다. 이제부터 필요한 것은 분류하기다.

먼저 일을 처리하는 프로세스를 분류할 수 있다. ① 시장조사를 하고, ② 샘플을 조사하고, ③ 우리 상품의 전략을 생각한다. 또는 결과를 도출하는 과정에서 고려할 요소를 경제적·사회적·의료적 요소 등으로 나눌 수 있다.

이렇게 주제를 세분화했다면 이제는 구체적으로 내용을 작성해 보자. 부족한 부분이 보이면 추가 조사를 할 것이다. 여기까지 왔다면 이미 계획의 얼개가 짜인 상태이기 때문에 세부 계획을 추가하고 수정하는 건 어렵지 않다.

이제 상사의 본래 의도를 다시 한번 고려해 보자. 이렇게 진행하면 그의 의도와 맞아떨어질까? 그럴 것 같다면 이제 계획을 본격적으로 실행한다. 그리고 결과물을 만들어 보고한다. 이것이 바로 가장 효율적이면서도 유능하게 일을 처리하는 기록형 인간의 업무 방법이다. 명심하라. 기록은 언제나 요약과 분류를 동반한다.

기록은 업무에서 일종의 내비게이션 역할을 한다. 기록하면 전체 맥락에서 현재의 작업이 어디쯤에 위치하는지 확인할 수 있다. 내가 유의미한 자료를 솎아 내고 있는지 파악할 수 있다는 말이다.

일하는 시간은 긴데, 야근을 많이 하는데 성과가 안 나는 것 같다면 우선 당신의 업무 기록을 돌아보라. 어떻게 일을 기록하느냐에 따라 사흘 밤을 새우고 자료를 조사하는 사람이 반나절 만에도 같은 효과를 낼 수 있는 가능성이 열린다. 내비게이션이 있으니 필요 없는 작업은 건너뛸 수 있기 때문이다. 즉 '빼기'가 가능해진다.

요점만 키워드로 적으려니 중요한 내용을 놓칠 것 같고, 상대방의 의도를 적으려니 내가 생각하는 의도가 그 사람의 진짜 의도가 아니면 어쩌지 하는 불안감이 드는가? 그래서 아무래도 모든 것을 다 적어야 할 것 같은가? 하지만 무엇이든 용기가 필요하다. 불안한 마음 때문에 효율을 포기한다면 결국 우리는 일상의 리듬감을 잃고 강약 조절을 못 하게 된다.

당연히 처음에는 어려울 것이다. 실수를 하고 야단을 맞는 것도 자연스러운 하나의 과정이다. 인생을 길게 보자. 우리 삶은 길다. 지금 이걸 잘못해서 큰 탈이 나면 어떡할까에 너무 연연하지 말자.

21

내 삶을 바꾼
월간 다이어리 작성법

　나는 교수가 되리라고는 상상할 수 없을 정도로 공부를 열심히 하는 학생이 아니었다. 대학 졸업 이후에도 인생의 중심을 잡지 못하고 있다가 29세에 도쿄대로 유학을 가게 되었다. 당시에는 꽤 늦게 유학을 간 셈이지만 내 삶에 반전을 이루기에 좋은 기회라고 생각했다.

　그런데 막상 혼자 유학 생활을 시작하니 모든 것을 스스로 계획하고 결정하면서 살아야 한다는 사실에 굉장히 막막했다. 큰 결심을 하고 유학을 왔는데 이제껏 하던 대로 살다가는 아무것도 이루지 못할 것이 불 보듯 뻔했다. 한참을 고민하던 중에 제대 후 하루에 18시간씩 공부했던 경험이 떠올랐다. 그

때 나는 공부 효율을 높이기 위해 기록을 활용했다. 불현듯 공부뿐 아니라 생활 전 방위에 대해 기록을 하면 어떨까 싶었다. 바로 다이어리를 쓰기 시작한 것이다.

다이어리를 쓰는 사람은 많다. 그런데 다이어리를 써서 눈에 띄게 성장한 사람은 많지 않다. 보통 사람들은 1년 단위로 다이어리를 쓰지만 나는 월간 다이어리를 쓰기 시작했다. 이것이 내가 유학을 성공적으로 마칠 수 있었던 아주 중요한 힘이다. 조금 자랑을 하자면 보통 10년에 걸려 받을 수 있는 도쿄대 박사학위를 나는 6년 반 만에 받고 한국에 들어와 교수가 되었다.

내가 유학 시절 큰 효과를 봤던 다이어리 작성법을 소개한다. 업무 효율이 떨어져서 고민되거나 아무리 일해도 성과가 나지 않아 답답한 사람이라면 이 방식을 적극 활용해 보길 권한다.

한 달을 관리하면 일 년이 달라진다

나는 200쪽이 조금 넘는 노트를 사서 매월 한 권씩 기록하기 시작했다. 노트의 왼쪽 면에는 계획을 쓰고 오른쪽 면에는 실행에 대한 기록을 했다. 아침에 일어나면 왼쪽 면에 그날 할 일을 쭉 적었고, 오른쪽 면에는 몇 시부터 몇 시까지 무슨 공부를 했는지, 몇 시부터 몇 시까지 누구를 만났는지 등을 모두 적었다. 그리고 하루가 끝나면 오늘 하루에 대한 나의 평가나 다짐, 칭찬 등을 적었다. 공부 내용을 기록하기도 했는데 공부한 것을 요약해 기록하면 하루에 5~6쪽 정도 되었다. 이렇게 반복하다 보니 언젠가부터는 5~6쪽을 쓰지 않으면 그날 충분히 공부하지 않았다는 생각이 들었다.

계획 1쪽, 실행 1쪽 그리고 공부 5~6쪽이니 하루에 총 7~8쪽씩 기록하게 되었다. 이렇게 한 달을 보내면 노트가 가득 찼다. 월말이 됐을 때 노트 한 권이 꽉 찬 것을 보면 형언할 수 없는 뿌듯함과 기쁨이 차올랐다.

나는 1년 단위 기록은 너무 길다고 생각한다. 새해가 되고 다이어리를 작성하다 보면 한두 달을 넘기기 힘들다. 꾸준히 잘 써 나간다고 해도 시중의 다이어리로는 하루에 한두 쪽밖에 쓰지 못하니 부족하다고 느껴졌다. 이 정도의 기록으로는 삶을 바꿀 수 없는 것이다.

그래서 나는 월간 다이어리를 권한다. 한 달 동안 한 권을 다 채웠다면 큰 성취감을 느낄 수 있는데, 매달 이런 성취감을 느끼다 보면 내 삶을 스스로 컨트롤할 수 있다는 자신감이 생

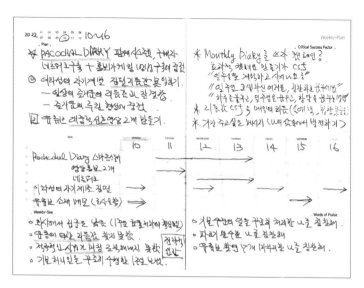

지금도 나는 일주일 간격으로 계획하면서 월간 다이어리를 작성한다.

기기 때문이다.

　다만 여기서 주의할 점은, 다이어리는 월간으로 쓰되 목표는 주간으로 설정해야 한다는 것이다. 너무 멀리 있는 목표와 전략은 쉽게 포기하게 된다. 1년을 뭉뚱그린 목표가 구체적인 하루하루의 삶을 잘 컨트롤하고 이끌어 줄 수 있을까? 1월 초에 목표 설정을 하고 한 달이 되기 전에 그걸 잊어버리는 경험을 여러분도 해 봤을 것이다.

　목표를 주간 단위로 설정하고 구체적으로 이미지화하면서 매일 실행해 보자. 일주일을 계획하고 전략적으로 사고하며 매일 목표를 상기하는 사람은 반드시 성공한다. 이 습관이 완벽히 자리 잡으면 그때 한 달 단위로 목표를 세울 수 있다. 하지만 1년 단위로 목표를 정하고 이루는 것은 기록학자인 나도 불가능하다.

다시 한번 말하지만 이 다이어리 작성법이 내 인생을 바꾸는 데 결정적인 역할을 했다고 자신 있게 말할 수 있다. 지식만 쌓인 것이 아니라 생활 태도도 바뀌어서 스스로 성실해졌다는 것을 느꼈다. 물론 그렇다고 삶이 각박해지지는 않았다. 다이어리를 기록하는 것만으로 충분히 성장할 수 있다는 믿음이 있었기 때문이다. 큰 틀에서 계획을 세우면서도 그 안에서 자유로울 수 있었다.

월간 다이어리를 통해 인생 반전을 이루지 않았다면 교수도 못 됐을 것이고 지금의 나도 없었을 것이다. 당신도 할 수 있다. 월간 다이어리를 1년만 써 보면 반드시 변화한 자신을 발견할 것이다. 그리고 이후로도 지속하게 될 것이다. 여러분도 기록하는 삶이라는 전혀 다른 차원의 인생을 경험해 보길 바란다.

우리 모두가 주인이 되는
세상을 꿈꾸다

내가 박사학위를 받고 한국에 들어왔던 1990년대 중후반만 해도 정부서울청사 뒤편에 공문서 소각장이 있었다. 공무원들은 정부가 생산한 공문서를 매일같이 그 소각장에서 태웠다. 심지어는 시장에서 물건을 싸는 포장지나 호떡 봉지로 공문서가 쓰이는 경우도 있었다.

2004년 5월에 세계일보에서 <기록이 없는 나라>라는 시리즈 기사를 10회에 걸쳐 낸 데는 이런 배경이 있었다. 국가기록의 현실을 있는 그대로 드러낸 것이었다. 노무현 전 대통령은 <기록이 없는 나라> 시리즈를 읽고 나를 비롯한 기록학계 사람들을 청와대로 초청하기도 했다. 이 만남은 이후 참여

정부의 기록 혁신 작업의 단초가 되었다.

기록 관리는 민주 국가의 기반 문화 중 하나다. 크게 두 가지의 이유에서인데, 하나는 국가가 한 일을 국민에게 증명해야 하기 때문이다. 이것은 기록의 '설명책임성'으로, 기록을 남기면 국가가 한 일을 국민에게 설명하는 책임을 다할 수 있다.

다른 하나는 기록이 의사소통의 명확성을 더해 줄 수 있기 때문이다. 무엇인가를 결정하거나 집행할 때 기록을 활용하면 모호하거나 불명확한 지점을 줄일 수 있다. 모호하던 생각도 기록의 명시화 과정을 거침으로써 더 명확하게 정리되기 마련이고, 불명확한 상태에서는 기록 자체가 성립되지 않으니 기록이야말로 의사소통의 핵심 기제가 아닐 수 없다.

내가 역사학에서 기록학으로 전공을 옮긴 이유도 이와 무관하지 않다. 기록을 하면 의사가 명확해지고, 소통이 원활해지며, 의견을 모아 행동하고, 그 결과를 서로 확인할 수 있다. 나는 이것이 민주주의라고 생각한다.

지금 생각하면 참 우스운 일이지만 젊은 시절 나는 민주주의를 대통령 직선제이자 통금을 없애는 일이며, 노동자의 권리를 마음대로 침해할 수 없게 만드는 것이라고 생각했다. 지금에 와서 본다면 지극히 당연한 권리였을 뿐 그것이 이루어진다고 민주주의를 달성한 것은 아니었는데 말이다.

사람이 주인이 되는 세상. 모든 일에 뜻을 모아 책임 있게 살아가는 세상이 민주주의라면 아직도 우리는 민주주의 사회에 살지 못하는 게 아닐까?

모두가 공정하고 효율적으로 기록을 관리하면 민주주의는 지속적으로 성장한다. 그러니 내가 기록학으로 전공을 옮긴 것은 실천을 중시하던 내 입장에서는 필수불가결한 선택이었다. 기록에 대한 관심과 이해가 높아지고 있으니 이제 기록학도, 한국의 민주주의도 더 성장해 갈 것임에 틀림없다.

이제 나 자신에게 질문을 던져 보자. 여러분의 생각이나 삶은 과연 민주주의적인가? 2000년대는 국가적 차원에서 민주적 제도의 확립을 고민하던 시대였다. 2010년대는 우리 사회 전반의 절차적 민주성을 높임과 동시에 질적 성장을 꾀하는 시대였다. 이제 2020년대 이후부터는 우리 자신의 삶이 민주적인지를 물어야 할 때다.

우리 가족의 일상은 민주적으로 운영되고 있는가? 나는 내 삶을 민주적으로 꾸려 가고 있는가? 기록학을 전공하는 내가 모두에게 꼭 던지고 싶은 질문이다. 가족회의를 하고 간단하게 작성한 회의록을 공유하는 것만으로도 집안 분위기는 180

도 달라진다. 가족 일지를 마련해서 식탁 위에 두고 가족 모두와 관련되는 일들을 하나씩 작성하면 우리 가족의 삶을 돌아볼 수 있는 아주 훌륭한 도구가 된다.

무슨 일에서든 메모하는 습관을 붙이면 모호하던 것들이 명확해진다. 삶 전반을 기록하는 동시에 그 기록들을 세심하게 살피면 그동안은 몰랐던 나 자신이 보이기도 한다.

민주주의의 가장 중요한 가치는 스스로가 주인이 되는 것이다. 나랏일에서는 국민 스스로가 주인이 되는 것이고 가정에서는 가족 한 사람 한 사람이 주인이 되는 것이며 나의 삶에서는 내가 주인이 되는 것이 민주주의가 아닐까.

여러분 모두가 생각하고, 말하고, 기록하는 삶을 살길 바란다. 기록을 함께 읽고 공유하며 나를, 가정을, 나라를 자주 들여다보게 된다면 삶의 민주주의는 조금씩 성장해 갈 것이다. 나는 언제나 사람들이 모든 영역에서 기록하기를 즐기고 기록으로 소통하며 그 기록을 통해 성찰하기를 바란다. 그리하여 여러분 스스로가 주인이 되는 바로 그런 세상을 꿈꾼다.

2023년 3월
김익한

거인의
노   트

초판 1쇄 발행 2023년 3월 8일
초판 33쇄 발행 2024년 9월 13일

지은이 김익한
펴낸이 김선식

부사장 김은영
콘텐츠사업2본부장 박현미
기획편집 김단비 **책임마케터** 문서희
콘텐츠사업7팀장 김단비 **콘텐츠사업7팀** 권예경, 이한결, 남슬기
마케팅본부장 권장규 **마케팅1팀** 박태준, 오서영, 문서희 **채널팀** 권오권
미디어홍보본부장 정명찬 **브랜드관리팀** 오수미, 김은지, 이소영, 서가을
뉴미디어팀 김민정, 이지은, 홍수경, 변승주 **지식교양팀** 이수인, 염아라, 석찬미, 김혜원, 박장미, 박주현
편집관리팀 조세현, 김호주, 백설희 **저작권팀** 이슬, 윤제희
재무관리팀 하미선, 윤이경, 김재경, 임혜정, 이슬기, 김주영, 오지수
인사총무팀 강미숙, 지석배, 김혜진, 황종원
제작관리팀 이소현, 김소영, 김진경, 최완규, 이지우, 박예찬
물류관리팀 김형기, 김선민, 주정훈, 김선진, 한유현, 전태연, 양문현, 이민운
외부스태프 표지 디자인 유어텍스트 본문 디자인 스튜디오 수박 글 정리 조창원

펴낸곳 다산북스 **출판등록** 2005년 12월 23일 제313-2005-00277호
주소 경기도 파주시 회동길 490 다산북스 파주사옥
전화 02-704-1724 **팩스** 02-703-2219 **이메일** dasanbooks@dasanbooks.com
홈페이지 www.dasan.group **블로그** blog.naver.com/dasan_books
용지 스마일몬스터피앤엠 **인쇄** 민언프린텍 **제본** 국일문화사 **코팅 및 후가공** 제이오엘엔피

ISBN 979-11-306-9752-9 (03190)

다산북스(DASANBOOKS)는 책에 관한 독자 여러분의 아이디어와 원고를 기쁜 마음으로 기다리고 있습니다.
출간을 원하는 분은 다산북스 홈페이지 '원고 투고' 항목에 출간 기획서와 원고 샘플 등을 보내주세요.
머뭇거리지 말고 문을 두드리세요.